tung in größerem Stil, von ihm finanziell unterstützt, zeugt von diesem Engagement.

Letzter Tag. Noch einmal den Weg zur kleinen Meerjungfrau am Strand von Ngapali gelaufen, mit den Füßen im Wasser. Ob wirklich ein Däne aus lauter Heimweh diese Figur in den Sand gesetzt hat, wie manche sagen, weiß heute keiner mehr genau. Eines Tages war sie da, und heute ist sie ein beliebtes Etappenziel auf der Wanderung von einem Ende der Bucht zum anderen.

Abschied von Min Soo, dem Kellnerjungen in der Laguna Lodge, der jeden Tag zwanzig neue englische Vokabeln lernt und von einem eigenen Restaurant träumt. Abschied von den Strandkrabben, deren schelmische Geschwindigkeit wir drei Tage lang bewundert haben. Noch einmal auf der Palme geschaukelt, die dekorativ wie keine andere über den Strand ragt, in Jahrzehnten von Wind und Wellen gebogen. Dann verschwindet die Sonne mindestens so stilvoll im Golf von Bengalen, wie sie heute früh oder gestern, oder eigentlich an jedem Tag aus den Bergen im Osten aufgestiegen ist. Auf dem Meer schließt sich die Lichterkette der Boote, die wir vor einer Stunde hinausfahren gesehen haben, zu einem glitzernden Halbkreis.

Bernd Schiller

Lesereise Myanmar/Burma

Bernd Schiller

Lesereise Myanmar/Burma

Gute Geister im Land der goldenen Pagoden

Picus Verlag Wien

Umfassend überarbeitete Neuausgabe 2011

Grafische Gestaltung: Dorothea Löcker, Wien
Umschlagabbildung: Bernd Schiller
Druck und Verarbeitung: Remaprint, Wien
ISBN 978-3-85452-994-1

Informationen über das aktuelle Programm
des Picus Verlags und Veranstaltungen unter
www.picus.at

Inhalt

»Ein Land wie kein anderes ...«

Von Burma über Birma nach Myanmar

Dies ist Burma, und es wird wie kein anderes Land sein, das Du kennst …

Rudyard Kiplin,
Literaturnobelpreisträger von 1907

Ich bin Optimistin … ich weiß, dass unser Weg richtig ist … nur nicht, wie lange es dauern wird, ihn durchzusetzen. Aber wenn man ein Stück Kohle lange genug zusammenpresst, wird auch ein Diamant daraus.

Aung San Suu Kyi,
Friedensnobelpreisträgerin von 1991

Es liegt fast dreißig Jahre zurück, dass ich den Jadeschatz des Staates Burma bewacht habe. Es war eine sehr dunkle Nacht und der Strom war abgeschaltet, was auch heute nach neun Uhr abends noch in vielen Orten üblich ist. Der Monsunwind hatte die ersten Wolken über den Indischen Ozean in die Stadt geweht, die seinerzeit noch Rangun hieß. Die großen, grünen Jadeblöcke waren notdürftig mit Planen umhüllt. Sie standen auf Paletten in dem ungepflegten Garten hinter einem Hotel, das die Russen dem General Ne Win geschenkt hatten. Seit 1962 hatte dieser Despot, der erste von vielen Generalen, die folgen sollten, mit unglaublicher Brutalität und völlig erfolglos versucht, einen kruden »buddhistisch-sozialistischen« Weg einzuschlagen.

In diesem Hotel, das damals als erstes Haus am Platz galt, sollte also am nächsten Tag eine Jademesse stattfinden, zu der Händler aus ganz Asien, vorwiegend Chinesen, angereist waren. Die tonnenschweren und millionenteuren Brocken waren im Garten zwischengelagert. Morgen würden Stücke herausgeschnitten und von den Experten begutachtet und verhandelt werden. Die Wärter, die mit Kalaschnikows bewaffnet auf den Schatz aufpassen sollten, hatten sich Reisschnaps und Wodka besorgt und schnarchten bereits vor Mitternacht so laut, dass es bis auf meinen Balkon im dritten Stock zu hören war.

Ich hatte schon vorher nicht schlafen können und war nach draußen gegangen, um einen verspäteten Sundowner zu nehmen Danach fiel es mir leichter, stellvertretender Schatzmeister der kostbarsten Jade-Kollektion zu sein, die die Welt je gesehen hat. Am nächsten Morgen habe ich die schönsten Stücke streicheln dürfen, von meinen alten Chinesenfreunden aus Hongkong wusste ich ja, wie viel Glück das bringen würde.

Das alles geschah, wie gesagt, vor vielen Jahren, zu einer Zeit, als ein Burma-Visum nur sieben Tage gültig war. Alles musste in der einen Woche schnell gehen, die Besichtigungen in Bagan, das noch als Pagan auf der Weltkarte der staunenswertesten Kulturwunder geführt wurde, die Bemühungen um Eisenbahntickets und Hotelgutscheine. Wer seinen Turboprop-Flug in Richtung Inle-See oder den Zug von Mandalay zurück in die Hauptstadt verpasste, was auch heute gut möglich ist, weil es immer noch keine zuverlässigen Fahrpläne gibt, konnte sich auf Schwierigkeiten gefasst machen.

Mehrmals bin ich in jenen Jahren von Bangkok in das Land jenseits der Zeit gefahren, in dem doch die Zeit zumindest für die Besucher eine so große Rolle spielte. Und jedes Mal waren es sieben glückliche Tage, auch dann, wenn keine Jade zu streicheln oder gar zu bewachen war. Die Woche war immer bis an den Rand gefüllt mit Erlebnissen, die mein Leben geprägt haben, Glücksmomente, in denen es schon bald gleichgültig war, ob ein Zug erreicht werden konnte oder der letzte Tag vielleicht im Flughafen überbrückt werden musste.

So gut wie keine privaten Autos gab es in den achtziger Jahren in Rangun, nur Lastwagen und zwei, drei Dutzend uralter amerikanische Straßenkreuzer, die als Taxis seit dreißig oder vierzig Jahre unterwegs waren, nicht eine einzige Ampel, schon gar kein Hochhaus, und die Zeiten von George Orwell, der im wuchtigen, alten Zollhaus am Hafen seine ersten Diensttage absolviert hatte, oder die von W. Somerset Maugham, der stets im legendären Strand Hotel übernachtet und seinen Gin Tonic getrunken hatte, lagen noch nicht wirklich lange zurück.

Oder doch? Die Badewanne, in der sich der Flaneur der »Exotischen Welten« in den dreißiger

Jahren erfrischt hatte, war 1985 mit braunem Belag überzogen, auch »sein« Zimmer war stockfleckig und so heruntergekommen wie das ganze Hotel. Es gab wenige Herbergen, in denen die Duschen funktionierten, warm schon mal gar nicht, das Essen war in jeder Garküche am Straßenrand besser als in den Hotels und Restaurants, die für Ausländer vorgesehen waren. Der Schwarzmarkt, die geflüsterten, lästigen Angebote zum Tausch heiß begehrter Dollars in fast wertlose Rupien, die Wartestunden auf den Flughäfen oder bei der Ein- und Ausreise, das alles gehörte noch ziemlich lange zum touristischen Alltag – und hat doch letztlich, angesichts der überwältigenden Schönheit des Landes, kaum jemanden wirklich gestört.

Und heute? Burma heißt seit 1989 nach dem Willen der damaligen Militärregierung Myanmar. 1989 war auch das Jahr, in dem Aung San Suu Kyi, die spätere Friedensnobelpreisträgerin zum ersten Mal unter Hausarrest gestellt wurde, ein Jahr später erfährt der »Staatsrat zur Wiederherstellung von Recht und Ordnung« bei den ersten freien Wahlen seit Jahrzehnten eine vernichtende Niederlage, für das Regime Grund genug, das Ergebnis zu ignorieren und demokratische Bewegungen wie die der charismatischen Wahlsiegerin Aung San Suu Kyi weiterhin zu bekämpfen.

Myanmar also ist nicht mehr das alte Burma (oder Birma, wie es im deutschen Sprachgebrauch auch genannt wird), und aus Rangun ist längst Yangon geworden, eine Millionenstadt auf dem Wege in die Moderne. Hochhäuser verändern dort die Silhouette, drängen sich neben die goldenen Kuppeln, die über viele Jahrhunderte allein die Stadt überragt hatten – »… und dann erhob sich ein goldenes Wunder am Horizont, ein leuchtendes, glänzendes Wunder, das in der Sonne erstrahlte … das ist die alte Shwedagon …«, lässt Rudyard Kipling, der Barde des britischen Empires, gegen Ende des 19. Jahrhunderts seinen Reisegefährten sagen.

Nach wie vor ziehen die Strahlkraft und die Heiligkeit der Pagoden, allen voran der Shwedagon, die Gläubigen an und lassen Ausländer auch beim zweiten oder zehnten Besuch demütig werden. Aber heute gelten eben auch glitzernde Einkaufszentren vielen Burmesen, und nicht nur den neuen Reichen, die es inzwischen trotz aller Isolation auch in Yangon gibt, mehr als die wuseligen Basare in den Vierteln der Inder und Chinesen. Stück für Stück, Viertel für Viertel, in einem Tempo, das dem Zeitgefühl dieses Landes angemessen ist, passt sich die Fünfmillionenstadt dem 21. Jahrhundert an.

Khin, der junge Mann, der mich seinerzeit in einem Chevrolet Baujahr 1950 von meinem »Jadeschloss« zum ersten Mal an die Shwedagon-Pagode gefahren hat – nur der zweite Gang funktionierte – wird seinen Oldtimer schon lange ausgeweidet und verschrottet haben. Heute stauen sich die japanischen Kleinwagen und die etwas größeren Pickups am Kreisel vor der Sule-Pagode im Herzen der Hauptstadt, die nicht nur anders heißt als damals, sondern eigentlich auch gar keine Hauptstadt mehr ist.

Still, nahezu heimlich, jedenfalls von der Weltöffentlichkeit fast unbemerkt, haben sich die alten Generäle und ihre Apparatschiks vor einigen Jahren in Zentralburma in einer neuen Hauptstadt, einer Art Wagenburg verschanzt. Niemand aus dem Volk, ausländische Touristen natürlich schon gar nicht, darf diese Geisterstadt besuchen. Von dort versuchen sie aufzuhalten, was nach Meinung vieler Beobachter nur noch eine Frage der Zeit ist: die wirtschaftliche, politische und geistige Öffnung des Landes.

Als Ende 2010 – nach Wahlen, die fast überall außerhalb Burmas nur als Farce wahrgenommen worden waren – der Hausarrest für Aung San Suu Kyi aufgehoben wurde, geriet das Land, das im Norden an die Schneeberge Tibets und im Süden an die Andamanensee grenzt, wieder verstärkt in den Fokus der Weltöffentlichkeit. Könnte die Freilassung der Lady, wie die Nobelpreisträgerin vor allem von ihren Anhängern genannt wird, ein erster, ein ernst zu nehmender Schritt zu mehr Freiheit für alle, ja sogar zu einer Demokratisierung des ganzen Landes gewesen sein?

Landeskenner, innerhalb wie außerhalb Burmas, lassen seither zumindest verhaltenen Optimismus zu. Sie rechnen zwar nicht mit einer raschen Änderung des Systems. Aber Reformen wird es geben, bald schon. Ein frischer Wind ist deutlich spürbar; er wird auch Reisenden nicht verborgen bleiben. Besonders die junge Generation in den großen Städten setzt darauf, dass die Diktatoren selber wissen, dass sie das Rad nicht mehr vollends zurückdrehen können.

Noch 2008, nach dem verheerenden Wirbelsturm Nargis mit über hunderttausend Toten und Millionen Obdachlosen, hatte das Regime ausländische Hilfe zynisch und brutal als »Einmischung« weitgehend zurückgewiesen. Aber wie weit sich Burma nun öffnen wird, wie es eine Entwicklung in Richtung Freiheit, Bildung und Wohlstand zulassen wird, hängt längst nicht mehr allein von der Gunst der Betonköpfe um den greisen Generalissimus Than Shwe ab, sondern ganz entscheidend von der (un)heimlichen Schutzmacht Chinas. Der mächtige Nachbar im Norden hat sehr eigennützige Interessen im rohstoffreichen Burma. Zudem ist die Lady nicht die einzige und auch nicht die unangefochtene Stimme der Opposition, als die sie im Westen angesehen wird. Als Symbolfigur des über Jahrzehnte ungebrochenen Widerstands wird sie zwar auch weiterhin im Lande verehrt und anerkannt. Aber auch sie weiß, dass sie nicht mehr zu ihrer früheren Alles-oder-nichts-Haltung, zu Sanktions- und Boykottaufrufen an Touristen und Investoren zurückkehren kann.

Viel mehr setzt Aung San Suu Kyi auf die akademische Jugend, auf die neuen Formen einer Demokratisierung »von unten«, auf Facebook und andere Mittel und Möglichkeiten, die die Machthaber noch älter aussehen lassen, als sie es sowieso sind.

Sogar reden will die Lady mit der Junta: »Es gibt so viele Dinge, die wir anpacken müssen – mit friedlichen Mitteln …«. Ihre moralische Autorität und ihre neue Flexibilität könnten helfen, die oppositionellen Kräfte endlich zu bündeln.

Wann habe ich mich eigentlich zum ersten Mal diesem Burma genähert, wie ich das Land in diesem Buch weiterhin vorwiegend nennen möchte, diesem Burma, das seine Besucher schon immer tiefer berührt hat als alle anderen reizvollen Länder rundherum? Es mögen die Reisen im Kopf gewesen sein, die Gedichte Rudyard Kiplings, die Erzählungen Somerset Maughams, aber auch die Reiseabenteuer der zwanziger und dreißiger Jahre, Bücher, in denen ein geheimnisvolles, sehr fremdes Land beschrieben wurde, aber anders als beispielsweise Indien, ein »leichteres«, glücklicheres; nachzulesen in einigen Auszügen, die ich für dieses Buch gesammelt habe.

Natürlich waren es Namen wie Mandalay, die letzte Königsstadt, oder Irrawady, der große Strom: magische Klischees, die das Fernweh überhaupt und eben die ganz spezielle Neugier auf Burma schon früh geweckt haben. In Gedanken war ich längst auf der Shwedagon gewesen, bevor ich irgendwann zum ersten Mal das Wunder erlebt habe, wie die Morgensonne fünftausend Edelsteine auf der Spitze und bald darauf die ganze goldene Kuppel zum Strahlen bringt. Und ich habe den Inle-See vor mir gesehen, Jahre, bevor ich viel später mit einem Boot durch diese unwirklich-amphibische Landschaft geglitten bin. Am intensivsten habe ich mich zwischen die Tempelruinen von Bagan geträumt, die vor hundertfünfzig Jahren einem britischen Diplomaten »… wie eine Szenerie von einem anderen Stern« vorgekommen waren. Und als ich dann endlich auf einem Tempelpodest saß und stundenlang in den Pagodenwald schauen durfte, da war alles noch viel großartiger, noch viel zauberischer.

Gut gemeinte Ratschläge, vor allem aus dem Westen, empfehlen, nur so zu reisen, dass die »kleinen« Leute vor Ort etwas davon haben, die Besitzer der »guesthouses«, die Rikscha- und Taxifahrer, die einheimischen Wanderführer, die vielen guten Geister, die einem unterwegs das Leben erleichtern. Manchmal kann man in der Tat wählen: zum Beispiel vor einer Flussreise: zwischen einem vollklimatisierten Luxusdampfer, der einem internationalen Hotelkonzern gehört, und einem kleinen, komfortablen Teakholzschiffchen, das gerade mal sieben Kabinen hat und von einer burmesischen Familie betrieben wird, oder auch, für etwas robustere Naturen, einem lokalen Boot, mit Hängematte und Hausmannskost aus der Bordküche, die nichts weiter als ein Kohleofen am Heck ist.

Aber oft muss es ein frommer Wunsch bleiben, die Generäle außen vor zu lassen. Wer kennt denn die Besitzer eines kleinen Restaurants in einer Provinzstadt, vielleicht sind es Chinesen aus Yangon, und das Geld stammt vom Cousin aus Singapur, der gute Geschäfte mit den Militärs macht? Wer weiß denn beim Planen der Reiseroute, welche Airline womöglich dem Schwiegersohn eines Generals gehört? Es gibt Strecken, die nur von so einer Linie betrieben werden, und nicht jede Route lässt sich mit der Fahrradrikscha, dem Ochsenkarren oder der (staatlichen) Bahn bewältigen.

In der Lobby eines der großen und teuren Hotels von Yangon treffe ich Ma Thanegi, Dichterin und Kochkünstlerin, eine Gegnerin der Militärregierung, eine kritische Stimme, die in aller Welt als Stimme der Hoffnung gehört wird. Die kleine, lebhafte Frau, schwarz gekleidet, mit auffallend großer dunkler Brille, lacht gern und erzählt amüsiert, dass sie einer amerikanischen Lifestyle-Zeitschrift, die sie um einen Artikel über die burmesische Küche gebeten hat, ironisch einen Beitrag über die Kost angeboten hat, die sie während ihrer Gefängniszeit bekommen hat. Das Manuskript wurde ungekürzt gedruckt.

Ma Thanegi beobachtet den Wandel im Lebensstil draußen vor der Tür so klug, so genau und zugleich so humorvoll wie sie die Mönche und Gläubigen während ihrer »Pilgerreise in Myanmar« beobachtet hat, so der deutsche Titel eines ihrer vielen Bücher. In den chaotischen Jahren 1988 und 1989, als Aung San Suu Kyi, die Lady, die Wahlen gewonnen hatte, aber gleich danach eingesperrt wurde, war Ma Thanegi ihre engste Mitarbeiterin. Sie hat ihre Termine gemacht und ihr oft genug den Rücken frei gehalten.

Die Intellektuelle, von Haus aus Malerin, war nie eine bedingungslose Gefolgsfrau der Lady, aber immer eine loyale Sekretärin. Jetzt freut sie sich über die wachsende Kunstszene in Yangon. Sie kann, obwohl jeder weiß, dass sie über ein Jahr im Gefängnis gesessen hat, zu Hause BBC und CNN empfangen. In Yangon leisten es sich inzwischen viele, solche Programme zu sehen. »Raten Sie mal, wer die teuren Lizenzen für die Anschlüsse verkauft …« Ich will es kaum glauben. »Es sind natürlich jene, die noch die Macht in Händen halten und gern reichlich Geld dazu, das vor allem …«

Am nächsten Morgen soll mich Win, »mein« Taxifahrer über mehrere Tage, ein fröhlicher, langhaariger Bursche, zum North Point Shopping Center fahren. Neben hundert Läden, von denen die meisten, wie in unseren Einkaufszentren, Schuhe und Klamotten verkaufen, habe ich dort am Anfang der Reise auch ein Internet-Café ausfindig gemacht, nach verschiedenen anderen Erfahrungen das schnellste der Stadt. Aber es liegt ein paar Kilometer außerhalb der City. Wir haben nur noch ein kleines Stück Weg vor uns, als der dreißig Jahre alte Mazda anscheinend seinen Geist aufgibt.

Win, seit Jahren geübt in der Reparatur seines Autos, versucht sein Glück, bis ein Ochsenkarren daherkommt. Ein alter Mann sitzt darauf, der ein Handtuch um den Kopf geschlungen und einen blutroten Mund vom Betelkauen hat. Win will ihm einen Zettel mit der Adresse von North Point geben, aber der Alte kann nicht lesen. Win erklärt, und der Ochsenkutscher zeigt lächelnd auf die Ladefläche. Ich schnappe meinen Rucksack, entlohne

Win mit einem Aufschlag, der ihm vielleicht die Reparatur erleichtert, wünsche ihm viel Glück und rumpele eine gute Viertelstunde dem Einkaufszentrum entgegen.

Dort bläst eine überdrehte Klimaanlage eisige Luft genau vor die Bildschirme. Ich bitte um eine sanftere Einstellung. Aber das scheint nicht möglich. Dem Chef, einem freundlichen jungen Mann, der zum traditionellen Wickelrock ein T-Shirt mit der Aufschrift »Money makes the world go round …« trägt, fällt eine andere Lösung ein: »One Moment, Sir …« und gleich darauf bringt er aus der Boutique von nebenan einen handgewebten Baumwollschal, der meinen Hals wunderbar schützt.

Mit dem Ochsenkarren ins Internet-Café … ein Leihschal gegen eine zu kalte Aircondition …

Dieses Myanmar wird wohl nie mehr das alte, sehr ferne, sehr fremde Burma sein, aber es bleibt »ein Land wie kein anderes …«. Und wer nicht hinfahren will, aus welchen honorigen Gründen auch immer, kann mit diesem Buch auf die Reise gehen, ohne das Sofa verlassen zu müssen.

Es ist alles Gold, was da glänzt

Auf der Shwedagon-Pagode: Ein paar Stunden, eine Ewigkeit

In der Nacht muss es heftig geregnet haben. Das erste Streiflicht des jungen Tages lässt die Pfützen in den Schlaglöchern funkeln und die schweren Palmwedel glänzen. Wir hatten gestern mit Win, unserem Taxifahrer, verabredet, dass er uns frühmorgens vom Hotel abholen solle. Wir würden gern, so hatten wir ihn wissen lassen, auf dem Weg zur Shwedagon-Pagode, dem Wahrzeichen von Yangon, dort frühstücken, wo Hauptstädter auf dem Weg zur Arbeit oder zum Tempel ihren ersten Imbiss einnehmen.

Win hält bei einem Tea Shop, vor dem schon etliche Lastwagen parken. Ihre Fahrer stärken sich, bevor sie zu den Markthallen oder über Land aufbrechen. Auch Arbeiter, zum Teil in Longyis, die traditionellen Röcke, gekleidet, trinken hier ihren Tee und rauchen die erste *Cheroot* des Tages, die landesübliche Zigarre. Auch ein paar Oberschüler in Uniform sitzen auf den Miniaturhockern, die fast alle einfachen Lokale in Yangon und überall in Myanmar für ihre Kunden vor die Tür stellen.

Die Männer im Overall und jene im Wickelrock, die Gymnasiasten und erst recht die »Kellner«, Jungen in abgetragenen Hosen und eingerissenen

Hemden, staunen, als wir Tee und Fladenbrot bestellen. Mit einem schüchternen Lächeln wird uns das Gewünschte serviert, und lächelnd schauen uns die einheimischen Gäste zu, wie wir unseren mit viel Milch und Zucker aufgekochten Tee schlürfen. Schließlich gönnen wir uns auch noch eine *Mohinga*, die traditionelle, sämige und gut gewürzte Fischsuppe zum Tagesauftakt. Es ist ein bekömmliches und friedliches Frühstück, die ideale Einstimmung auf den Besuch des wichtigsten Heiligtums Burmas. Als wir uns mit Win der Shwedagon-Pagode nähern, färbt sich im Osten der Himmel blassrosa.

Auf einem fünfzig Meter hohen Hügel am Rande der Altstadt erhebt sich das Heiligtum, das zu den Wundern dieser Welt gezählt werden muss. Hundert Meter ragt der goldene Stupa über die Stadt hinaus, zu jeder Tages- und Nachtzeit glitzernd und strahlend, gekrönt von einem zehn Meter hohen Schirm, der mit tausend Diamanten, noch viel mehr Edelsteinen und über dreitausend Glöckchen besetzt ist. Aus diesem siebenfach gefalteten Ehrenschirm, dem *Hti*, wächst eine goldene Spitze, die wiederum mit der sogenannten Diamantenknospe abschließt, einer Kugel von sechsundsiebzig Karat Gewicht.

Legenden und Mythen begleiten die Ursprünge dieses funkelnden Symbols des Theravada-Buddhismus, der reinen, der alten Lehre des historischen Buddhas Siddharta Gautama. Als jener, vor über zweitausendfünfhundert Jahren, noch durch Nordindien wanderte, wurden auf diesem Hügel angeblich schon die Reliquien dreier Buddhas früherer Zeitalter verehrt. Niemand weiß Genaueres über sie, aber noch immer sollen sie tief im Inneren des großen Stupas versteckt sein. Und so geht die Sage weiter: Zwei Söhne eines reichen Kaufmanns wurden, als sie nach der Wahrheit und den Schätzen des Himmels suchten, von einem guten Geist zum erleuchteten Gautama geführt. Der schenkte den Gesandten aus dem fernen Burma, als diese ihm einen Honigkuchen nach seiner Fastenzeit und zum Dank für seine weisen Worte der Erkenntnis brachten, acht seiner Haare, mit der Bitte, sie dort zu verwahren, wo schon die Reliquien seiner Vorgänger ruhten.

Auf dem Wege zum heiligen Hügel wurden die jungen Leute mehrfach überfallen und verloren dabei vier der acht heiligen Haare. Aber als sie dem König der Region, die heute Yangon heißt, das Kästchen überreichten und dieser es erwartungsfroh öffnete, waren die Haare wieder vollzählig. Das Wunder ging weiter, der Wind hob die Geschenke Buddhas für einen Moment in die Höhe, Regenbogen taten sich auf, und plötzlich wurden Kranke gesund, Lahme konnten wieder laufen, Blinde wieder sehen und Stumme bekamen ihre Sprache zurück. Was blieb dem König anderes übrig, als den Grundstein zu einer Pagode legen zu lassen, die im Laufe der Jahrhunderte zur strahlendsten des Landes, zur schönsten ganz Asiens anwachsen sollte.

Vier überdachte Treppengänge führen auf die

Plattform zu Füßen des goldenen Wunders, aus jeder Himmelsrichtung einer. Wir nähern uns von Süden her, passieren zwei grimmige, zehn Meter hohe steinerne Wächterlöwen. Barfuß müssen wir nach oben gehen, vorbei an zahlreichen Verkaufsbuden, die gerade öffnen und Räucherstäbchen, Blattgold-Päckchen, Kerzen, Buddhafiguren, aber auch Wasser, Tee und Maiskuchen anbieten.

Die Dämmerung im Aufgang wird hier und da von Glühbirnen und Neonröhren aufgehellt. Nach etwa hundertfünfzig Stufen öffnet sich der Aufgang zur Plattform, der Blick wird frei auf Hunderte und Aberhunderte kleiner und größerer Pagoden, Buddhastatuen, Schreine und Tempelchen. Für einen Moment sind wir geblendet: Aus einem goldenen Wald verwirrend vieler Heiligtümer ragt der glockenförmige, übermächtig wirkende Stupa heraus, der fast allen Burmesen als eine Art spiritueller Lebensmittelpunkt gilt.

Um kurz vor sieben trifft der erste Sonnenstrahl einen Kranz aus siebentausend Edelsteinen über der Kuppel, eine Viertelstunde später sind die meisten Bauten auf der Terrasse in goldenes Licht getaucht. Nur der weiße Marmorboden bleibt noch lange im Schatten und entsprechend kühl. Dreimal und immer in der Richtung des Uhrzeigers, so wie es Brauch ist, umrunden wir in aller Ruhe den großen, goldenen Stupa, schauen in Andachtshallen, in denen auch zu dieser frühen Stunde gebetet wird, staunen über Fabelwesen, die den Saturn und andere Planeten, aber auch Himmelsrichtungen und

Wochentage darstellen, wundern uns über prominent platzierte Geistwesen, *Nats* genannt, denen wir später überall im Lande und erst recht an ihrem »Wohnsitz«, dem Popa-Berg bei Bagan, begegnen werden, und die hier oben symbolisch den Buddhismus beschützen; ein paar Schritte weiter legen Frauen und Kinder Kokosnüsse und Bananen vor eine Buddhastatue, eigentlich typische Opfergaben für die Geister – was für eine sympathische Symbiose aus Glauben und Aberglauben.

Wir sitzen jetzt auf einem Sockel am Rande der Plattform und schauen dem Leben und Treiben zu. Hunde strecken sich, Kinder greifen nach den Sonnenstrahlen, Mönche mit Opferschalen verneigen sich vor den vielen Figuren des Erleuchteten in den Andachtsecken, Frauen in schwarzen Röcken und dunkelroten Jäckchen, Angehörige eines Bergvolkes aus dem Norden, bespritzen kleine Buddhafiguren mit geheiligtem Wasser. Eine Burmesin, deren Goldzähne beim Lächeln blitzen, bringt uns eine Matte aus Reisstroh, weil die Steine noch immer kalt sind.

Noch einmal, gegen Ende der Reise, zieht es uns an diesen Schauplatz farbenfroher Frömmigkeit, diesmal am späten Nachmittag. Für viele Burma-Liebhaber, die dieses Land immer wieder besuchen, ist es ein Ritual: Sie besuchen die große Plattform an der Shwedagon-Pagode am ersten Morgen nach der Ankunft und am letzten Abend vor dem Rückflug. Nicht wenige Westler kommen auch an anderen Tagen, zum Beispiel, wenn sie auf dem Weg von den Shan-Bergen, von Mandalay oder aus der abgelegenen Westprovinz Rakhine einen Zwischenstop in Yangon einlegen müssen. Und jedes Mal wirkt neuer Zauber.

Das Licht in der letzten Stunde vor dem Sonnenuntergang passt sich dem vielen Gold auf der Plattform an, es ist rotgelb und warm. Auch die Marmorplatten und die Steinrahmen um die Statuen strahlen jetzt Wärme ab. Hin und wieder werden wir angesprochen, freundlich nach dem Woher und Wohin gefragt, auf Besonderheiten hingewiesen, auf den Schrein des Planeten Merkur etwa, der den an einem Mittwochvormittag Geborenen »gehört«; ihr Symbol ist der Elefant mit Stoßzähnen, während die an einem Mittwochnachmittag auf die Welt Gekommenen sich mit einem Elefanten ohne Elfenbein zufriedengeben müssen …

Bilder, die sich nachhaltig speichern lassen: eine Großmutter mit ihrer Tochter und ihrem Enkelkind, die sich alle drei vor einem Buddha verneigen und andächtig die Hände falten. Eine junge Frau, die geradezu zärtlich einen marmornen Elefanten vor einem Buddha mit Wasser beträufelt und ihn dann sorgsam »wäscht«. Ein alter Mönch, der an eine Säule gelehnt meditiert, die Augen fast geschlossen, jedenfalls in eine andere Sphäre gerichtet. Er ähnelt mit seinem völlig kahl geschorenen Kopf im Kunstlicht der Nacht seinem Vorbild. Anmut und Demut bestimmen den Rhythmus dieser Szenen.

Stunden auf der Shwedagon-Pagode können auf wunderbare Weise ewig dauern.

Die Prinzessin auf dem Pulverfass

Im Land der Shan

Mingalaba, guten Morgen, guten Tag, guten Abend – der seit Wochen vertraute Gruß gilt hier oben nicht mehr. Im Nordwesten Burmas, im Land der Shan, grüßt man sich mit anderen Worten: *Mine Pun Kha*, auch *Maing Sun Kha* oder, weiter westlich, *Yinn Li Kha*.

Shan: eine wilde, schöne Bergwelt, halb so groß wie Deutschland, doppelt so groß wie Österreich, bis vor fünfzig Jahren ein Flickenteppich aus über vierzig Fürstentümern, regiert von *Sawbwas*, wie die Burmesen diese Herrscher nannten, von *Saophas*, wie sie in den Sprachen der Shan genannt wurden: »Herren des Himmels«.

Lange Zeit lag die Region im Abseits, zum Teil von Drogenkönigen kontrolliert. Immer wieder lehnten sich Freiheitskämpfer gegen die eiserne Faust der burmesischen Machthaber auf. Kein Shan will ein Burmese sein, das ist bis heute so, und einige Gebiete im Norden und Osten, nicht weit entfernt vom berüchtigten Goldenen Dreieck, werden wohl noch auf lange Sicht weiße Flecken auf der Landkarte bleiben: gesperrt für Ausländer, unwegsam, von Desperados aller Lager »regiert«.

Taunggy hingegen, einst Sitz des Parlaments

der südlichen Shan-Staaten, auch Hsipaw und Lashio auf dem nördlichen Shan-Plateau, das an der Eisenbahnstrecke in Richtung China und an der noch berühmteren Burma Road liegt, sind längst sichere, freundliche Orte in einer faszinierenden Landschaft, Lieblingsziele nostalgisch gestimmter Reisender auf den Spuren der Vergangenheit. Hindus, Muslime und Gurkhas aus Nepal waren zu Zeiten Britisch-Indiens in diese Hill Stations gekommen, ihre Moscheen und Tempel gehören noch immer zu den kolonial geprägten Stadtbildern.

Nur wenige »Herren des Himmels« konnten prunkvoll Hof halten. Manche *Saophas* wohnten in villenähnlichen Herrschaftshäusern, andere in eher einfachen Langhäusern aus Bambus, die auf Teaksäulen standen. Einige aber residierten in kleinen Palästen, deren bescheidene Pracht immerhin ihrem Titel gerecht wurde. Das Leben an einem solchen Hofe und das Schicksal von Sao Kya Seng, des letzten *Saophas* von Hsipaw, hat ebenso schlicht wie anrührend seine Witwe, die Österreicherin Inge Sargent, wiedergegeben. Mit der »Dämmerung über Birma« schildert sie »Mein Leben als Shan-Prinzessin«, so der Untertitel ihres Buches.

Dieses Leben fing 1953 wie ein Märchen an, und es endete neun Jahre später, nach dem Putsch des Generals Ne Win, in einer Katastrophe. Ihr Mann, ein fortschrittlicher Geist, der sich um Aussöhnung zwischen Burmesen und Shan bemüht hatte, der aber auch die Kultur und Sprache seines Volkes erhalten wollte, wurde verschleppt und umgebracht.

Es waren die Revolutionstage im März 1962, als ganz Burma ein Pulverfass war und der Staatenbund auseinanderzufallen drohte.

Aus meinem Reisetagebuch:

Es gibt viele Möglichkeiten, in die nördlichen Shan-Staaten zu reisen, zum Beispiel mit der Bahn von Mandalay aus oder auf der Ladefläche eines Pickups von Taunggyi, eingeklemmt zwischen Marktfrauen mit Taschen und Körben voller Fisch und Gemüse. Wir mieten uns in Pyin U Lwin, einem sehr britisch geprägten Ort am Rande des Plateaus, für übermorgen ein Auto mit Fahrer, in der Hoffnung, die bequemste Variante gewählt zu haben.

22. Februar, Pyin U Lwin, das alte Maymio. Fahrradrikschas und Pferdekutschen, die aussehen wie aus den Requisitenkammern alter Wildwestproduktionen entliehen, geben das Tempo in der Stadt vor. Wir wohnen im Candacraig-Hotel, 1904 errichtet. George Orwell hat hier Ende der zwanziger Jahre einen entspannten, wenn auch sehr kurzen Teil seiner ansonsten eher bitteren »Tage in Burma«, so der Titel seines autobiografischen Romans, verbracht. Wer dieses Buch gelesen hat, ob vor oder während der Reise, wird das Land besser verstehen.

Das »Candacraig«, ein Backsteinhaus mit Fachwerk-Fassade und geschwungener, herrschaftlicher Kiesauffahrt, auf der die Kutschen wie zu Orwells Zeiten an englischem Rasen und liebevoll gepflegten Rosen vorbei vor das säulengestützte Portal knirschen. Die Zimmer sind groß und verstaubt, die Bäder schimmelig und voller Rostflecken. Im Foyer ein Kamin; für ein paar Kyat liefert uns ein älterer Majordomus, der froh über drei, vier Gäste in dem großen Haus zu sein scheint, einen Korb mit Holz, und am Abend sitzen wir mit einer Dame aus Deutschland zusammen am Feuer. Sie hat die achtzig gerade überschritten und sich einen Traum verwirklicht: Drei Monate ist sie gerade mit Bussen und Bahnen durch Indien gezogen, ihre Malutensilien im Rucksack. Sie reise nie mit einer Kamera, erzählt sie; stattdessen halte sie ihre Eindrücke auf dem Zeichenblock fest, in aller Ruhe.

Von dieser Art sind die Gäste im »Candacraig«, die am Nachmittag ihren Tee auf dem Balkon nehmen, serviert im silbernen Kännchen, aus dem, gut möglich, schon Orwell eingeschenkt wurde.

Der Markt: malerisch und wuselig. Der Uhrturm von 1936 gibt, entgegen den Reiseführer-Versprechungen, schon lange keinen Big-Ben-Ton mehr von sich, aber am Hospital und an den Kasernen am Stadtrand hängen noch immer, gut leserlich, die Schilder aus Orwells Epoche. Die »neuen« Tafeln daneben sind längst von den Monsunregen der letzten Jahre vermodert, die burmesischen Schriftzeichen verwischt.

Im indischen Viertel treffen wir Mister Patel, dessen Großvater mit der britischen Armee nach Rangun und später nach Maymio gekommen ist. Sein Enkel handelt nun einerseits mit zerlesenen Büchern, keines jünger als vierzig Jahre, andererseits mit sogenannter »hardware«, wie er es nennt: verrostete Motorteile, Draht, Schrauben, Schläuche, Nägel, kaputte Radios, mit einem Wort: Schrott. Können Sie davon leben, Mister Patel? Oh ja, sagt er, erst letzte Woche habe ihm ein englischer Arzt, ein Gentleman der alten Schule, wie er betont, den kompletten Jahrgang 1951 des *British Medicine Journal* abgekauft. Eine Stunde habe man miteinander geredet, und schon deswegen liebe er sein Business.

23. Februar. Abendessen in Etappen. Zum Auftakt ein paar *Pakoras* auf dem Nachtmarkt, indische Gemüsekrapfen, in Fett gebacken. Wie schon so oft in diesem Land, sitzen wir auf Puppenstühlen aus Plastik. Um die Neonröhren über dem Imbissstand schwirren Moskitos und dicke Käfer. Wir hätten dort auch Innereien vom Schwein und gegrillte Hühnerfüße bestellen können.

Nächste Station: das Rainbow-Restaurant, ein chinesisches Lokal, so dunkel wie früher die Spelunken auf St. Pauli. Aber niemand will im Haus des Regenbogens die Gäste übers Ohr hauen, nur der Strom ist ausgefallen, für eine halbe Stunde. Dann aber erschrecken uns bunte, blinkende Lampen, wie sie in den Siebzigern in den Diskotheken von Europa angesagt waren. Aber das Essen, sechs Schälchen voller Köstlichkeiten aus China und Burma und eine dicke, sämige Shan-Suppe, dazu zwei gewaltige Schüsseln mit dampfendem Reis und drei Humpen Myanmar-Bier, ist hervorragend. Es kostet, man mag es gar nicht laut sagen, gerade mal drei Euro.

Nach so viel Genuss muss die Rückfahrt durchs nächtliche Pyin U Lwin zum gespenstisch knarrenden Hotel, in dem noch jeder Bedienstete diese Stadt »Maymio« nennt, natürlich mit der Kutsche angetreten werden. Eine kurze Fahrt, eine lange Reise durch die Zeit.

24. Februar. Autotour über Serpentinen, durch Regenwald, Plantagen, brandgerodetes Brachland und kleine Dörfer nach Hsipaw. Immer wieder, für jeweils zehn, zwanzig, dreißig Minuten, hüllen uns die Abgase großer Trucks ein, wir können diese keuchenden Nissan-Diesel-Ungetüme immer erst überholen, wenn nach einem Dutzend atemberaubender Haarnadelkurven eine kurze Gerade kommt. Die Lastwagen bringen Gemüse und Fleisch nach China. Auf der Gegenspur kriechen sie noch höher beladen an uns vorbei, beladen mit Mopeds, Maschinen und Plastikspielzeug aus dem Reich der Mitte. Die Grenze ist nicht weit.

25. Februar, Hsipaw. Im *guesthouse* von Mister Charles treffen sich alle: Globetrotter aus Neuseeland und Korea, Ethnologen, Entwicklungshelfer, ein Schweizer, der vor der Steuerfahndung nach Burma geflüchtet ist, ein Engländer, der um eine Spende bittet, damit er sich endlich seine Zähne richten lassen kann, skurrile, herrliche Typen, über die sich in solchen Herbergen, am Ende der Welt, niemand wundert. Sie werden alle aufs Freundlichste umsorgt vom alten Charles und seinen hübschen Töchtern.

Wir schauen von unserem kleinen Zimmer auf einen Hinterhof, der am Abend, wenn sich die Wolken aus den Bergen abgeregnet haben, unter Wasser steht. Manchmal setzt ein tropisches Gewitter so schnell und so heftig ein, dass die Leute, die da unten wohnen und sich tagsüber ihre Mahlzeiten auf offener Flamme bereiten, ihr Feuerholz, ihre Matratzen, Tische und Stühle nicht schnell genug in ihre Hütte bringen können.

Bei Mister Book, Schlitzohr und Händler alter Bücher und neuer Comic-Hefte an der Hauptstraße, entdecken wir eine kleine Kostbarkeit: die Beschreibung eines ehemals deutschen, später amerikanischen Forscherpaares, Christine und Lucian Sherman, über »Birma und seine Frauenwelt«, 1910 erschienen: »Die Shan sind ein ruhiges, gutmütiges, heiteres Volk von kräftigem, untersetztem Körperbau, etwas kleiner als die Birmanen. Der Gesichtsschnitt ist breiter, die Augen ein wenig schräger gestellt, im Ganzen bemerkt man die Annäherung an den chinesischen Typ …« So ist es: Die Shan gehören zur Gruppe der T'ai-Völker, und die sollen einst aus Südchina auf die Hochebene gezogen sein, die sie bis heute bewohnen.

26. Februar. Mister Charles hatte eine Shan-Mutter und einen chinesischen Vater, der in der Kuomintang gekämpft und vor Mao nach Burma, ins Land der Shan, geflüchtet war. Charles, der die sechzig gerade überschritten hat, ist ein behänder kleiner Mann, der in seinem Gasthaus wenig spricht, aber auf Wanderungen, die er in die Umgebung veranstaltet, Kluges und Wissenswertes zu erzählen weiß.

Als wir gleich nach dem Frühstück aufbrechen, ist der Himmel bereits bleiern. Der Weg führt durch Gemüsefelder und ärmliche Gehöfte, vorbei an Wassergräben, die sich rasch füllen, als bald darauf der große Regen einsetzt. Ein paar Minuten hoffen wir auf ein schnelles Ende des Wolkenbruchs, erst unter einem mächtigen Banyanbaum, dann in einem Bambustunnel.

Mister Charles pflückt derweil Bananenblätter, mit denen wir unsere Köpfe bedecken, gut gemeint und völlig wirkungslos. Wir rutschen auf schlammigen Dämmen und über schlüpfrige Bohlen der Stadt entgegen, anderthalb Stunden lang. Mister Charles lenkt ab, erzählt von den Kämpfen einzelner Clans um die Bewässerung der Felder, Streitigkeiten, die auch schon mal mit dem Messer ausgetragen werden. Nicht alle Shan, so wissen wir nun, sind so gutmütig wie die Shermans sie vor knapp hundert Jahren erlebt haben.

Mister Charles kennt die Geschichte der österreichischen Prinzessin, die von den Einheimischen »Thusandi« genannt wurde. Er kennt die Geschichte des Mister Donald, eines Neffen des letzten *Saophas* von Hsipaw. Er landete im Gefängnis. Vielleicht hat er zu viel erzählt, niemand spricht offen darüber. Und an die Prinzessin, die so viel Glanz in ihre Stadt gebracht und so viel Gutes getan hat, erinnern sich nur noch ein paar sehr alte Leute in Hsipaw. Aber auch sie trauen sich nicht zur Villa zu gehen. Das Haus, so heißt es, sei von böser Aura umgeben.

27. Februar. Später Nachmittag, eine fahle Sonne quält sich durch einen verhangenen Himmel. Wir stehen vor East Haw, dem einstigen Palast des *Saophas* und seiner Thusandi. Aber eigentlich stehen wir nur vor einem verrotteten Drahtzaun, überwuchert wie der Garten, verkommen wie die ganze Residenz. Die Fenster sind mit Brettern vernagelt.

Die Sonne ist nicht mehr zu sehen. Ein frischer Wind kommt auf und treibt erste Abendwolken von den Bergen herunter. Es fängt an zu regnen. Um den Guavenbaum, auf dem in den letzten Tagen der Prinzessin ihre frei gelassenen Papageien gehockt haben, so lange, bis sie das Haus verlassen musste, flattern plötzlich Scharen von Fledermäusen. Die Dämmerung hat eingesetzt.

Um Haaresbreite

Warum der goldene Felsen niemals abstürzen kann

Der dicke weiße Mann auf der Bambussänfte schwitzt fürchterlich. Die Achseln seines Hemdes sind durchnässt. Sein Gesicht ist rot angelaufen, und auf dem Kopf trägt er ein geknotetes Taschentuch. Über seinem umfangreichen Leib thronen zwei Kameras. Kein schöner Anblick, vielleicht sogar abstoßend.

Vier Jungen, etwa zwischen siebzehn und zwanzig Jahre alt, schleppen den älteren Touristen über einen steilen, holprigen Serpentinenweg dem Goldenen Felsen entgegen, einem Wahrzeichen Burmas, das fast alle Besucher sehen wollen, koste es, was es wolle. Zwei Burschen des Trägerquartetts halten die Stangen, zwischen denen ihr Kunde auf einer Art Stuhl sitzt, vorn, die beiden anderen hinten, mit jeweils einer Hand. Der andere Arm pendelt wie bei einem militärischen Marsch weit hin und her. Mit diesem schlenkernden Rhythmus erleichtern sie sich ihre Arbeit.

Alle fünf Minuten setzen sie die Sänfte ab, wechseln die Seite, trinken einen Schluck Cola, wischen sich mit ihrem verschwitzten T-Shirt das Wasser aus Stirn und Nacken. Dann marschieren sie im Gleichschritt weiter. Eine Dreiviertelstunde später, auf dem Gipfel, wird jeder von ihnen fünf Dollar für seine Plackerei bekommen.

Wer fit genug ist, sie und fünf, sechs andere Trägerteams leichteren Schrittes zu überholen, mag ins Grübeln kommen: koloniale Attitüde, anachronistisch, unwürdig und demütigend für die einheimischen Hilfskräfte? Oder einfach nur ein Job, einer von vielen, noch dazu ein sehr begehrter rund um das betriebsame Heiligtum? Vorsicht vor schnellen Urteilen, warnt ein burmesischer Freund, der uns begleitet: Selbstgerechtigkeit ist nirgendwo eine Tugend, schon gar nicht in einem buddhistischen Land.

Wir haben uns im Basislager Kinpun, das aus ein paar Häusern, ein paar Hühnern und einem netten Lokal für Reis und Curry besteht, einen Platz auf der Ladefläche eines alten russischen Lastwagens für den ersten Teil des Weges gesichert und einen Gepäckträger für die letzte Etappe, den »Sänftenweg«, gemietet. Htay ist vierzehn Jahre alt, ein drahtiger Bursche, der mit seinem großen Korb, in dem er später unsere Taschen und einen Rucksack verstauen wird, bis ans Ende der Straße mitfahren wird, wo der steile Aufstieg beginnt. Wir brauchen die Sachen, weil wir auf dem Gipfel in einer der Touristen- und Pilgerherbergen übernachten wollen.

Ein goldener Punkt in tiefem Grün, so nehmen wir, und mit uns ein paar Hundert erwartungsfrohe Wallfahrer aus allen Teilen des Landes, nach einer halben Stunde Fußmarsch den heiligen Felsen erstmals aus der Ferne wahr. Noch können wir nicht das spitze Hütchen auf dem Golden Rock erkennen, die »Pagode auf dem Kopf des Einsiedlers«. An kleinen, altarähnlichen Devotionalienständen hinterlegen wir vorsichtshalber und nicht zu kleinlich ein paar Scheine für Bo-Bo-Gyi, den Berggeist. Kann es sein, dass wir uns danach beschwingter auf den letzten Kilometern bewegen?

Vorbei an noch mehr Buden, wo es noch mehr Räucherstäbchen, Lotusblüten und andere Opfergaben zu kaufen gibt, vorbei an den ersten kleinen Hotels, das Gepäck im »Mountain Top« auf dem Gipfelplateau abgestellt, mit Htay, dem Träger, der auch über Nacht auf dem heiligen Berg bleiben will, eine Verabredung für morgen früh getroffen, und dann sind wir geblendet. Im warmen Licht des Nachmittags schimmert das Wunder von Kyaik-Htiyo goldrot, unwirklich schön: ein fast runder Felsbrocken klebt an einer Klippe, hängt atemberaubend »gefährlich« über dem Abgrund. Viele Pilger fallen beim ersten Anblick auf die Knie, andere nähern sich betend und voller Ehrfurcht dem Koloss, der doch eigentlich jeden Moment in die Tiefe stürzen muss.

Er wird nicht kippen, heute nicht, morgen nicht, niemals. Keines der vielen Erdbeben in den letzten tausend Jahren hat ihn je auch nur einen Zentimeter bewegen können, und auch die kleinen Stöße, die Kinder ihm jeden Tag hundert- und tausendfach geben, bringen ihn nicht aus dem heiligen Gleichgewicht. Dafür sorgt ein einziges Haar von Buddha persönlich, seit tausend Jahren versteckt in einer zierlichen Pagode auf dem Kopf des goldenen Felsens. Ein Wunder also, eine Erklärung, wie sie typisch ist für Burma, typisch für eine Glaubenswelt, in der sich Geister, legendäre Könige, weise alte Männer und natürlich der Erleuchtete treffen.

Es war einmal ... so fangen auch im Land der goldenen Mythen Geschichten an, die in Wunder münden. Es war einmal ein König namens Tissa. Sein Vater soll ein berühmter Alchimist, seine Mutter eine geheimnisumwitterte Prinzessin gewesen sein. Dieser König, ein frommer Mann, besuchte regelmäßig einen Eremiten in dessen Einsiedelei in den Bergen. Als der seinen Tod nahen fühlte, vertraute er dem Herrscher ein Haar an, ein Haar Buddhas, das der ihm vor langer Zeit geschenkt habe, als er noch in dieser Gegend wanderte und predigte und das er seither in seinem Haarknoten aufbewahre.

Dieses eine Haar würde er nun dem König hinterlassen, aber nur, wenn der es auf einem Felsen deponiere, der dem Kopf des alten Eremiten ähnle. Überlebensgroß müsse der Stein sein, wie die Weisheit des Buddha. Der Herrscher des Landes bat Thagya-min, den König der Geister, um Hilfe. Gemeinschaftlich suchten sie sogar den Grund des Meeres ab und fanden schließlich einen Felsen in der gewünschten Form. Ein Zauberboot schaffte den Brocken auf den tausendeinhundert Meter hohen Berg, auf dem er noch immer thront, auf den ersten Blick so wacklig wie immer, in Wirklichkeit so sicher wie die Legende wahr ist. Und auch das

Boot, zu Fels geworden, ist noch da: Kyauk-thanban, »die Pagode, die auf einem Steinboot steht«, zweihundert Meter vom Golden Rock entfernt.

Was für eine Geschichte, und was für ein Leben in dieser steinernen, goldenen Wunderwelt auf dem Berg, die die Kraft der Geister und die Macht Buddhas gleichermaßen spiegeln. Neben Mönchen, die ihre Mantras murmeln, spielen Kinder, fotografieren sich Großfamilien, bepflastern ganze Dorfgemeinschaften den Felsen mit noch mehr Goldplättchen, eine hoch geschätzte Gelegenheit, Verdienste für den Kreislauf von Geburt und Wiedergeburt, für das Zeitalter des kommenden Buddhas zu sammeln. Zu so viel fröhlicher Frömmigkeit passen Xylofon-Klänge, die von Lautsprechern auf die Plattform und weit darüber hinausgetragen werden.

Kurz vor sechs am Abend. Der Felsen glüht noch einmal auf, als sei er nun auch noch von innen erleuchtet. Etwa zwanzig Mönche sitzen auf dem Plateau im Halbrund, rezitieren Gebete, schauen aber auch immer wieder hoch, um zu sehen, wie die Sonne hinter dem heiligen Felsen im Wolkendunst verschwindet. Lampen leuchten auf, Scheinwerfer und Laternen. Der Abendwind schickt lang ersehnte frische Luft auf den Berg, die Mütter ziehen ihren Kleinsten sofort Wollmützen bis über die Ohren.

Zwölf Stunden später. Tiefschwarzer Himmel im Westen, auf der anderen Seite fingert sich die Morgenröte durch die Berge und lässt einen Fluss tief unten im Tal nur wenige Minuten später silbrig glänzen. Und schon hocken und knien wieder ein paar Hundert Pilger vor dem Wunderfelsen, in dicke Wattejacken und Wollröcke gepackt. Diese Wallfahrer der ersten Stunde haben in den Klöstern auf und unterhalb des Berges übernachtet.

Tee wird aus großen Kannen verkauft, kleine Mädchen balancieren Schalen mit Schmalzgebäck auf ihren Köpfen; sie machen ein gutes Geschäft und müssen oft Nachschub holen aus den Garküchen am Rande der Plattform. Dort lodern offene Feuer, an denen sich Träger und Verkäufer die Hände reiben. Erste *Cheroots*, die würzigen Zigarren, die zu Burma gehören wie die goldenen Pagoden auf fast allen Hügeln, machen die Runde.

Zwei Stunden lang staunen wir mit den vielen frommen Menschen in den frühen Morgen hinein, schauen zu, wie der Felsen von fahlem Gelb in immer kräftigeres Gold wechselt. Nur einmal schrecken wir zusammen: Ein Lastwagen hupt uns hinterrücks zur Seite. Ein Lastwagen auf dem heiligen Berg? Ach, es waren nur Tröten, täuschend echte Klanghörner, die ein paar Jungs hier oben verkaufen, zwischen all der Stille und Harmonie. Niemanden scheint das zu stören, alle lachen, wenn die Bande wieder jemanden zur Seite springen lässt.

Htay ist pünktlich zu Stelle. Gemeinsam machen wir uns bergab auf den Weg zur Lastwagen-Station. Gemeinsam fahren wir von dort im Höllentempo die Haarnadelkurven und die lang gestreckten Serpentinen ins Basislager hinunter, halten uns, wie alle fünfzig Passagiere, etwas krampfhaft an Stangen und einander fest. Um Haaresbreite, so scheint es an jeder Kurve, schrammen wir am Abgrund entlang. Aber was soll schon sein. Bo-Bo-Gyi, der Berggeist, ist hinlänglich besänftigt, und eben haben wir doch mit eigenen Augen gesehen, wie ein Haar, ein einziges Haar, einen riesigen, märchenhaften Felsen aus nahezu purem Gold an eine schwindelerregende Klippe bindet, tausend und noch mehr Meter über der Schlucht der Wirklichkeit.

Rail-Road to Mandalay

Der Drachenboxer und die Frage nach dem Sinn des Reisens

Gleich elf, ein trister, schwüler Vormittag. Und noch immer steht der Zug auf dem Bahnhof von Hsipaw in Oberburma, im Land der Shan. Vor zwei Stunden hätte er abfahren sollen, in Richtung Pyin U Lwin und weiter nach Mandalay.

Gestern, als wir die Tickets beim Bahnhofsvorsteher gelöst haben, hatte der uns mit beamtenmäßiger Wichtigkeit empfohlen, lieber schon um acht Uhr morgens auf dem Bahnsteig zu sein. Maung Min Aung, so hatte er sich vorgestellt, hatte sogar die Dienstmütze aufgesetzt, als er geradezu verschwörerisch davon berichtete, dass zwar manchmal Verspätungen möglich seien, aber mindestens so oft auch frühere Abfahrten. Also liefen wir heute schon kurz vor acht über die Gleise, und tatsächlich stand da bereits der Zug nach Mandalay, unser Zug: sechs rote Wagen, aber keine Lokomotive. Maung Min Aung, auch schon wieder auf Posten, freute sich ehrlich über unser Wiedersehen. Er versprach, dass die Diesellok bald kommen würde. Sie sei bereits aus Lashio abgefahren, ein oder zwei Stunden von hier entfernt.

Wagen 6, »first class«, kein Mensch an Bord, alle

Fenster geschlossen. Also verstauen wir erst einmal das Gepäck, lüften und richten einen »Wachdienst« ein. Einer bleibt bei den Rucksäcken, der andere schaut, wie es weitergeht. Ein Blick in den Wagen 5 zeigt den Unterschied zwischen der ordinären Klasse – sie heißt tatsächlich »ordinary class« – und unserer fast doppelt so teuren ersten Klasse. Er lässt sich leicht ausmachen, aber schwer erklären. Die Holzklasse nebenan ist nämlich das, was der Name verspricht: eine ehrliche Holzklasse; die Reise in Nr. 5 hätte uns fünf Dollar für die Strecke von Hsipaw nach Mandalay gekostet. In der ersten Klasse hingegen gaukeln die gleichen Holzbänke, aber zusätzlich mit schmuddeligen, löchrigen Schaumstoffauflagen ausgestattet, für vier Dollar mehr einen Luxus vor, der nicht einmal dem ersten, oberflächlichen Blick standhält. Andererseits: Neun Dollar für eine Bahnfahrt, die laut »Fahrplan« und auch laut Auskunft des Station Managers zehn Stunden dauern soll … eigentlich kein Grund, sich geneppt zu fühlen. Noch nicht.

Gegen zehn Uhr, eine Stunde nach der offiziellen Abfahrtszeit, tröpfeln die Passagiere in alle Klassen. Eine Gruppe junger Franzosen, »ordinary passengers«, deponiert ihre Rucksäcke in unserem Abteil und geht frühstücken: Tee und Teigtaschen, beides lauwarm, werden auf dem Bahnsteig verkauft. In den einzigen Güterwaggon unseres Zuges ohne Zugmaschine wuchten etwa zwanzig halb nackte Männer eine Wagenachse mit zwei Rädern – eine Art »Ersatzreifen«? Auf einem großen Bereich des Bahnsteigs legt eine alte Frau nasse, zerrissene Kartons zum Trocknen aus. Gestern hat es einen Wolkenbruch gegeben, morgen soll die Pappe, die da draußen alle halbe Stunde der Sonne entgegen gelegt wird, ein paar Kyiat einbringen.

Ein älterer europäischer Herr setzt sich zu uns ins Abteil, ein Grandseigneur, der aber ein Signore ist, wie sich bald herausstellt, ein Literaturprofessor aus Italien mit Umgangsformen, die das alte Europa aufs Feinste repräsentieren. Er bietet sich denn auch sogleich für die nächste Wache an, weil wir noch einmal mit dem Station Manager sprechen wollen, der uns längst als seine Freunde ansieht: »No Sir, sorry Sir, no engine, but maybe very soon ...« Bald, sehr bald wird die Lok da sein ... vielleicht.

Zwölf Uhr, Mittagszeit. Wir haben uns inzwischen mit Bananen und Keksen eingedeckt, auch mit gekochtem Reis und ein paar sehr mageren Hühnerschenkeln, alles in eine alte Zeitung eingewickelt. Ein Pfeifen von weither schreckt alle auf, ein Pfeifen, das sich rasch nähert. Dieselstampfen, Aufregung, die Lokomotive kommt. Sie setzt sich nach drei-, viermal Weichenstellen, Rangieren, Weichenstellen und wieder Rangieren vor die Waggons, die seit dem frühen Morgen aufgeheizt in der Sonne stehen. Unruhe, Hektik, die Franzosen holen eilig ihre Rucksäcke ab, bedanken sich, schleppen ihr Gepäck im Laufschritt in die Holzklasse, au revoir in Mandalay ...

In unserem Waggon haben es sich inzwischen mehrere einheimische Großfamilien bequem gemacht. Babys werden gestillt, Großmütter wickeln sich in viele Tücher und legen sich zum Schlafen schon jetzt auf eine Bank oder in den Gang. Vorher haben sie den roten Betelsaft, der ihre Zähne und Lippen wie mit Blut gefärbt hat, aus dem Fenster gespuckt, direkt vor die Pappenfrau. Und dann, kurz vor eins, reckt unser Freund Maung Min Aung, endlich und vielversprechend, seine Kelle dem Lokführer entgegen. Der Zug ruckelt an, der Zug setzt sich schwerfällig auf einem verzogenen Gleis in Bewegung, der Zug fährt los – aber nur hundert Meter weit, etwa eine Minute lang.

Stillstand, Konfusion, mindestens zwanzig neue Fahrgäste steigen ein, nicht direkt auf freier Strecke, aber doch weit weg vom Bahnsteig, dafür mit Gepäckmengen, die man Auswanderern zubilligen würde: Säcke, Körbe, Taschen, riesige Koffer, Bettdecken, noch mehr Körbe, diese nun voll mit Gemüse, mit Trockenfisch und Chilischoten. Niemand, schon gar nicht unser amtlicher Freund im Bahnhof von Hsipaw, scheint diese Leute vor einem möglichen Frühstart gewarnt zu haben.

Plötzlich sehen wir neben uns die jungen Franzosen aus einem Waggon winken, nicht aus irgendeinem, sondern aus dem uns gut bekannten Waggon Nr. 5. Er rollt gerade, von der Lok geschoben, auf dem Nachbargleis in die Gegenrichtung. Es dauert noch eine halbe Stunde, bis alles zurechtrangiert und angekoppelt ist, wo es hingehört. Inzwischen hat sich auch im Wagen 6 fast jeder mit jedem bekannt gemacht, mit lächelnden Gesten, mit einem Kopfnicken, mit Kinderbildern aus der Brieftasche oder einem Blick aufs Display der Digitalkamera.

Aus diesem Rahmen weltweit üblicher Smalltalks, die auch ohne Sprachkenntnisse funktionieren, fällt ein junger Mann, der wie zwanzig aussieht, aber doch schon Oberhaupt einer Familie mit immerhin drei kleinen Kindern ist. Er stellt sich breitbeinig vor uns hin, zieht seinen Pullover aus, sein Hemd und auch sein T-Shirt. Dann zeigt er auf das sehr bunte Drachen-Tattoo auf der muskulösen Brust, wirft sich in eine Boxer-Positur, fuchtelt und tänzelt mit gestreckten Fäusten durch den Gang, trommelt noch einmal wie besessen auf seiner Brust herum, und sagt dann lachend und voller Stolz: »I am the champion ... big champion ... boxing champion ...« Seine Landsleute lachen und beklatschen das Muskelpaket. Der Boxer zieht sein Hemd wieder an und wiegt seinen jüngsten Sohn mit sanften Liedern in den Schlaf.

Jeder sucht nun nach einer Kontaktbrücke zu den Fremden. Erdnüsse werden verteilt, Zuckerrohr gereicht, Bananen angeboten. Ein zahnloser alter Mann will unbedingt eine Runde getrockneten, stinkenden Fisch ausgeben und ist fast ein wenig gekränkt, als wir nicht im erhofften Maße zulangen. Der Professor und ich haben uns in ein Gespräch über Somerset Maugham vertieft, was uns schon bald auf George Orwell kommen lässt. Beide sind wir auf Spurensuche, beide haben wir die »Tage in Burma« dabei und schnell die Stelle gefunden, in der sich Elizabeth mit der Eisenbahn der fiktiven Stadt Kyauktada nähert:

»Nördlich von Mandalay kroch der mit Holz geheizte Zug mit zwanzig Stundenkilometern über eine weite, ausgedörrte Ebene, die an ihren fernen Rändern von einem Kreis blauer Hügel begrenzt war. Weiße Reiher standen regungslos in ausgewogenem Gleichgewicht da, und Haufen von trocknenden Pfefferschoten leuchteten scharlachrot in der Sonne. Manchmal erhob sich eine weiße Pagode aus der Ebene wie die Brüste einer hingestreckten Riesin ...«

Unser Zug rattert jetzt unter einer grellen Nachmittagssonne an Reisterrassen vorbei, an Wasserbüffeln und palmgedeckten Hütten, an dicken Bambus- und noch mächtigeren Feigenbäumen, an goldenen und weißen Pagoden auf den Hügeln am Horizont ... Bilder und Szenen, wie sie vor achtzig Jahren, zu Orwells Zeiten, wohl kaum anders ausgesehen haben.

Ein langer Halt in Kyaukme, einer realen Stadt in den Bergen Oberburmas, und das Leben im Waggon regt sich wieder, geweckt von den lauten Rufen der Händler auf dem Perron. Der Vorrat an Nüssen und scharfen Gewürzen wird aufgefüllt, gesalzene Teeblätter und klumpiger Reis durchs Fenster gereicht, auf Zeitungspapier oder direkt auf beide Hände, die dazu eine Schale bilden. Es bleibt Zeit genug, sich danach die Hände zu waschen, wiederum am offenen Fenster. Das Wasser in einem Plastikbecher dazu reicht ein schmales Kerlchen aus einem Eimer herauf, ganz kleines Geld kostet diese Form der Hygiene.

Zwanzig Minuten buntes Pausenprogramm. Dann bremst sich der Zug über hundert Kurven in die Tiefe, durch Regenwald, über brandgerodete Ebenen, bis er sich keuchend über Serpentinen wieder nach oben windet. Viertausend Kilometer Schienennetz umfasst die burmesische Eisenbahn; diese Strecke, von den Shan-Staaten zum großen Strom hinunter, ist nach Meinung vieler Burma-Reisender die dramatischste. Nicht zuletzt, weil auch der Gokteik-Viadukt dazu gehört, dem sich unser Zug jetzt nähert. Es soll die spektakulärste Eisenbahnbrücke der Welt sein. Auf siebenhundert Metern Länge überspannt sie eine dreihundert Meter tiefe Schlucht.

Als der Stahlkoloss um 1900 gebaut wurde, waren schon dreißig Jahre lang Dampfzüge durch Burma gerollt. Thibaw, der letzte König, weltfremd und schwach, war kurz zuvor aus seinem Glaspalast in Mandalay ins indische Exil vertrieben worden, sein Reich zu einer Provinz Britisch-Indiens degradiert, Gesprächsstoff für den Professor und mich. An einer kleinen Station, gleich hinter dem Brückenwunder von Gokteik, wirft man uns plötzlich zehn schwere Säcke voller Reis in unseren Waggon, außerdem wird ein Bettgestell hochkant an die klapprige Toilettentür gestellt, und die Gänge werden mit etwa zwanzig leeren Körben ausgefüllt. Zehn Minuten brauchen der Boxer und ich, bis der Weg zum Klo wieder frei ist.

Und noch einmal geht es aufwärts. Im Schritttempo, schaukelnd und quietschend, schraubt sich der Zug die Berge hoch. Schienenstrang und Gleisbett sind seit dem Ende der Kolonialzeit, vielleicht sogar seit dem Bau dieser Strecke vor über hundert Jahren, nicht mehr renoviert worden. Die geringe Geschwindigkeit macht es möglich, dass die Brücke aus immer neuer Perspektive fotografiert werden kann, aus der zweiten, dritten und vierten »Etage«, bis das ingeniöse Meisterwerk nur noch als silbernes Bändchen in der tiefgrünen Dschungellandschaft schimmert.

Es wird kühl im Waggon. Die Fenster sind nicht verglast, nur das Oberteil aus abgeblätterten Holzjalousetten lässt sich rauf- und runterschieben, wie in alten US-Hotels. Noch halten wir sie auf unserer Seite mit einem Stück Zuckerrohr auf halber Höhe fest, um den Blick in die tiefen Täler zu genießen und auf unzählige Pagoden, mit denen die Hügel gesprenkelt sind und die schon bald von der Dunkelheit verschluckt werden. Manchmal hält der Zug an Stationen, in denen der Strom ausgefallen ist. Dort hasten dann, wie auch Orwell es erlebt hat, Männer mit Fackeln (und Taschenlampen) über Gleise und Bahnsteige.

Fast sechs Stunden hat der Mandalay-Express aus den Shan-Bergen bis nach Pyin U Lwin gebraucht, kaum sechzig Kilometer Luftlinie von Hsipaw entfernt. Nichts sagen solche Angaben in Burma über die wirkliche Entfernung aus, gar nichts. Der italienische Professor – wir waren in unserer literarischen Reise durchs alte Burma inzwischen bei Daniel Mason und seinem »Klavierstimmer« angelangt, einer bewegenden Geschichte aus schwülen Kolonialtagen – zieht seinen Pullover an, sammelt sein Gepäck ein (der Rucksack war zwei Stunden lang das Kopfkissen einer alten Marktfrau, die sich jetzt aufrappelt, weil Pyin U Lwin auch für sie das Ziel ihrer Reise ist).

Gegen neunzehn Uhr läuft der Zug knarzend und pfeifend in einen Bahnhof ein, der neongrell ausgeleuchtet ist. Arrivederci professore, Bruder im Geiste. Ja klar, wir treffen uns heute in einer Woche vor der Ananda-Pagode in Bagan, nach der Bahnfahrt, nach der Flussreise – und merken plötzlich amüsiert, wie sehr diese Verabredung an den guten alten Schweijk erinnert.

Schon wieder Power Cut, Stromsperre. Eine Stunde lang steht der Zug in der Finsternis dieses trostlosen Bahnhofs. Dann schreckt schrilles Pfeifen von der Lokomotive die Passagiere aus dem Halbschlaf. Aber kurz bevor die Bahn sich endlich in Bewegung setzt, stürmen zwölf sehr junge Soldaten unseren Wagen Nr. 6, »first class«.

Fast alle sind angetrunken, und für ein paar Minuten herrscht lärmendes Chaos. Der Champion springt auf, zieht sofort wieder Hemd und T-Shirt aus, lässt seine Muskeln spielen und den Drachen auf der Brust sozusagen Feuer speien. Die Soldaten und die Lage beruhigen sich schnell, no problem Sir, no problem Madam. Gemeinsam wird der Gang, auf dem sich die Hälfte der Jungmannen schon zum Schlafen hingelegt hat, so weit geräumt, dass man immerhin zur Toilette turnen kann, wenn auch mit viel Mühe und noch mehr Klimmzügen.

Es zieht jetzt von allen Seiten. Wer in Fensternähe sitzt, versucht sich mit Umhängen, Schals und Jacken vor der Zugluft zu schützen. Stunde um Stunde ruckelt die Bahn durch die unwirtliche Nacht. Mit der bitteren Kälte von draußen und den Schwaden aus Knoblauchdunst und Toilettengeruch, die durchs Abteil wabern, kriecht auch die Sinnfrage vieler Fernreisen in den Kopf: Was machen wir hier eigentlich, warum tun wir uns das alles an?

Mandalay, endlich. Der Zauber dieses Namens lässt uns kalt, als wir um zwei Uhr morgens steifbeinig den Zug verlassen, aber die warme Luft hier im Tiefland streichelt immerhin die Haut. Der Bahnhof wirkt in der Nacht so hässlich wie alle Bahnhöfe dieser Welt um diese Zeit. Vor der Tür schlafen vier Taxifahrer in ihren Autos. Zwei Dollar soll die Fahrt zu unserem Hotel kosten, hatte uns der Champion vorhin beim Abschied verraten, »don't pay more ...!« Der erste Fahrer will fünf Dollar, der zweite und der dritte auch, wir haben verstanden: Es ist der Einheitspreis um diese Stunde. Auch den jungen Franzosen bleibt nichts anderes übrig, als für die Fahrt in die Stadt so viel zu bezahlen wie ihre ganz Zugreise gekostet hat.

Zwanzig Minuten später haben wir einen Zimmerschlüssel in der Hand. Der Raum ist angenehm temperiert, das Bett nicht zu hart und nicht zu weich, der Kühlschrank ausreichend mit Bier der Marke »Mandalay« gefüllt. Es ist zu spät zum Sofortschlafen … oder zu früh? Die Sinnfrage ist ausgeblendet: zwei, drei Glas Bier auf der Liege vor dem Bungalow, ein kurzer Seufzer, ein langer Blick in den Sternenhimmel. Das ist uns, um drei Uhr morgens und nach siebzehn Stunden auf dem Schienenstrang, Glück und Magie genug.

Mit einem Bein im Boot

Stille Tage am Inle-See

Der Garten schwankt, die Wiese schaukelt. Ein Motorboot schnurrt durch ein Meer aus Wasserhyazinthen, drosselt die Geschwindigkeit, und wiegt die grünbunten Parzellen für einen Moment sanft hin und her. U Tin Mong bleibt aufrecht und gelassen mit dem linken Bein auf dem Heck seines flachen Bootes stehen, das rechte hat er um ein langes Ruder geschlängelt, den rechten Arm als Hebel nutzend. Versonnen schaut der Fischer und Gemüsebauer dem nun wieder schneller gewordenen Boot hinterher, bis es nicht mehr zu sehen ist. Die Wellen haben sich bald gelegt, Boot und Rudersmann spiegeln sich wie zuvor auf der stillen Fläche des Inle-Sees, der zu einem großen Teil mit einem Teppich aus Blumen und Beeten verknüpft ist.

U Tin Mong ist Gemüsebauer und Fischer, ein Einbeinruderer, ein »Sohn des Sees«. So nennen sich die Angehörigen des kleinen Intha-Volkes, das sich diesem weltweit einmaligen amphibischen Lebensraum angepasst hat. Die behutsame Annäherung des Motorbootes kann als ein Beispiel für die Achtsamkeit gewertet werden, mit der sich Burmesen im Alltag häufig begegnen. Langsam senkt U Tin Mong nun einen übermannshohen, konisch geformten Bambuskorb zum Grund des Sees herab. Ein Schwarm Enten fliegt auf, Reiher stehen am Schilfufer, und die Silhouette des Fischers wirkt im Gegenlicht wie ein natürlicher Teil dieser friedlichen Szenerie.

Der Inle-See, auf fast tausend Meter Höhe im Herzen Burmas gelegen, ist ein Standardziel der meisten Burma-Besucher, nur etwas über zwanzig Kilometer lang und gerade mal elf Kilometer breit. Und doch ist er voller Zauber und kleiner Überraschungen: bewachsen mit Beeten, auf denen Tomaten und Ingwer, Kohl und Knoblauch, Bohnen und Lilien gedeihen, gesäumt von Dörfern, Klöstern und Märkten, in denen sich die Traditionen so gut wie unverfälscht erhalten haben, verbunden mit Kanälen und Flussläufen, die in eine märchenhafte Vergangenheit führen.

Kyunpaws nennen die Einheimischen ihre schwimmenden Gemüseplantagen, üppig grüne und ungemein fruchtbare Felder, deren Grundlage eine dicke Humusschicht aus Schlamm, Erde und verfilzten Wasserhyazinthen bildet. Viele Familien legen so ein Stück Wasser-Land auf dem See an und ziehen es fünf Jahre später, wenn es sich zu einem Beet entwickelt hat, vor ihre Pfahldörfer, wo sie es an langen Stangen festmachen. Denn der Inle ist flach, maximal drei Meter tief. Die Intha leben gut von den schwimmenden Gärten, zu gut. Denn zu viele Hyazinthen drängen an die Oberfläche, drohen, das Gewässer an manchen Stellen zu ersticken. Neue Beete dürfen nicht mehr angelegt werden.

Stille, gemächliche Tage am See. Morgens gegen acht ist es noch kalt und neblig, die Bootsleute tragen dicke Anoraks und haben sich Kapuzen über die Köpfe gezogen. Aber schon eine Stunde später hat die Sonne den Schleier von der Wasserfläche gezogen. Von den Hotels und weitläufigen Resorts, die sich an Land hinter einem breiten Schilfgürtel verstecken, brechen die Ausflugsboote auf, zuerst zum Markt von Khan Daing, wo Händlerinnen, die Gesichter dick mit Thanaka-Creme eingerieben, das eingenommene Geld im Wust ihrer bunten Schürzen verbergen, und wo Bauern der Umgebung, in der Tracht der Intha, aber auch der Shan, der Pa-O und anderer Nachbarstämme, Zuckerrohr und Zwiebeln, Kuhdung und Kartoffeln, Hühner und Schafe verkaufen.

Die Werkstätten der Seidenweber von Inpawkon, der Zigarrendreher in Nampan, der Töpfer und Holzschnitzer bei Ywama, der Silberkünstler und der Schmiede von Sae Kaung und Papiermacher in Saikong und Zayatkyi bieten Abwechslung bei den Touren über den See. Die Motorboote suchen sich ihren Weg durch die Fahrrinnen zwischen den Blumen- und Gemüsebeeten; bevor sie eine Siedlung erreichen, holen sie den Außenborder ins Boot. Der Bootsführer stellt sich nun wie jeder Intha-Ruderer ans Heck, schlängelt ein Bein um die lange Ruderstange und erreicht so, plätscherndleise und mit bestem Überblick, die Stege der Klöster und Handwerkerhäuser.

Familie Hninh Thitsar, ein Dutzend Mitglieder,

stellt seit drei Generationen Papier her, aus Bambus und, noch schöner und etwas teurer, aus der Rinde des Maulbeerbaums. Einen Tag lang wird das Rohmaterial gewässert, danach in der Sonne getrocknet und im nächsten Arbeitsgang so geschmeidig geklopft, dass sich Schirme damit bespannen und Notizbücher daraus knüpfen lassen. Jeder Handgriff wirkt überlegt und ohne Eile ausgeführt.

Die weißen Spitzen der Phaung-Daw-U-Pagode in der Nähe von Ywama spiegeln sich im Wasser. Auch U Tin Mong, der Fischer und Gemüsebauer, hat mit seinem Boot hier festgemacht. In einem Beutel trägt er vier Tüten mit Goldplättchen bei sich, eine für jede der vier Buddhafiguren in dieser schönsten und heiligsten Andachtsstätte am Inle-See. Gesichter und Körper der Statuen sind kaum mehr zu erkennen. Hunderttausendfach mit Gold belegt sind sie im Laufe der Jahre zu unförmigen Klumpen verwachsen, goldenen Kartoffeln nicht unähnlich. Aber U Tin Mong und den anderen Pilgern geht es nicht um Schönheit, sondern um Verehrung. Also werden noch mehr glänzende Plättchen auf die knubbeligen Buddhas geklebt.

Nur wenige Inle-Touristen kommen bis nach Indein. Der Ort liegt abseits des Sees, mit ihm durch einen schmalen Wasserweg verbunden. Ländlich-archaische Szenen an den Ufern: Wasserbüffel werden liebevoll gebadet und geschrubbt, Kinder spielen mit Steinen, Mönche lassen einen Ball aus Rattangeflecht von einem Unterschenkel zum anderen springen, Chinlon heißt dieses beliebte Spiel, eine alte Frau, ihr schlafendes Enkelkind im Schoß, paddelt über den Kanal, ein größeres Boot wird kunstvoll mit Obst und Gemüse beladen.

Das Dorf wirkt wie aus der Zeit gefallen: Schweine und Hunde wühlen unter den Häusern im Dreck, Mönche hängen ihre Roben – drei dürfen sie besitzen – zum Trocknen vor das kleine hölzerne Kloster, eine Frau zerstampft Getreide in einem großen Mörser, eine andere wirft eben gepflückte Erbsen aus einem flachen Korb in die Luft, und der Wind weht die Spreu davon. Die Frau singt dabei. Aus dem Gebüsch eines Hügels am Ortsrand ragen Stupas aus dem Dickicht: ein Wald zerbrochener und überwucherter Pagoden, vielleicht dreihundert, vierhundert Jahre alt, niemand weiß es genau. Ganz still ist es hier oben, und als meldeten gute Geister die Eindringlinge in diese verwunschene Welt, stimmen Zikaden wie auf Kommando ein Konzert an. Der Kopf eines Buddhas lächelt aus vermoosten Trümmern.

Schöne Grüße aus Britisch-Hinterindien

Wie »Fräulein Weltenbummler« und der Kronprinz von Bayern Burma bestaunt haben

»Nach einer Überfahrt von drei Tagen näherten wir uns der Mündung des Irrawaddy. Ich bereitete mich darauf vor, den Boden Hinterindiens zu betreten, das von den Europäern eben wegen dieses Namens mehr oder weniger als eine Fortsetzung Indiens angesehen wird, zumal Birma lange Zeit von den Engländern mit Britisch-Indien zusammen verwaltet wurde. Nichts ist jedoch falscher …«

Der das so schnell erkannt hat, war Hans-Hasso von Veltheim-Ostrau, ein universal gebildeter Adliger aus Sachsen-Anhalt. Zwischen 1937 und 1939 war er in Indien und Südostasien unterwegs, beeinflusst von dem Philosophen Krishnamurti und erst recht von Gandhi, den er mehrfach getroffen hat. Seine Eindrücke schilderte er erst zwanzig Jahre später in dem Buch »Götter und Menschen zwischen Indien und China«.

Anders als die frühen Reisenden auf ihrem ersten Wege nach Indien, die Sinnsuchenden vor allem, die sich über lange Wochen auf See ihren Sehnsüchten und Hoffnungen entgegen geträumt hatten, kamen die Abenteurer und Gentleman-Reisenden in Burma damals in aller Regel auf kurzem

Wege an, nach zwei, drei Tagen mit dem Schiff aus Kalkutta. Dort waren sie einer Religion ausgesetzt gewesen, die keinen Stifter und keinen Propheten kennt, keine Vorschriften, keine Gebote, nur Rituale sowie hunderttausend oder sogar, immer wieder gern genommen, dreihundertdreißig Millionen Götter.

Womöglich waren diese ersten Touristen an den Ufern des Hooghly der Kali begegnet, jener schrecklichen Herrin über Leben und Tod, deren Zunge aus einem blutigen Mund hängt, die um den Hals eine Schädelkette trägt – und die doch nichts anderes ist als nur der dunkle Aspekt jener weiblichen Energie *(Shakti)*, die ein anderes Mal und an anderer Stelle Parvati heißt, die Mütterlich-Freundliche … oder Lakshmi, die für das Glück und den Reichtum und die Schönheit steht … oder Saravati, die Poetische.

Oft genug hatten die Abenteurer, Forscher und erst recht die sensiblen Kulturreisenden jener Tage noch nicht einordnen und verarbeiten können, was da zuvor in Indien an greller Exotik und religiöser Fremdheit auf sie eingestürzt war. Und nun, beim ersten Anblick der goldenen Pagoden von Rangun und dem sanften, beruhigenden Zug der gelb gekleideten Mönche, auch der Pilger, die lächelnd und wie beseelt ihre Blumen vor den Buddha legten, verwandelte sich die Irritation, die viele Reisende aus Indien mitgebracht hatten, rasch in ein mildes Staunen: keine Kasten gab es hier, die auf undurchschaubare Weise den Alltag regelten, dafür sogar eine Form der Gleichberechtigung zwischen

Mann und Frau, wie sie in Indien bis heute und seinerzeit auch daheim in Europa nicht für möglich gehalten wurde. So staunt Rupprecht, Kronprinz von Bayern, der um 1920 in Burma unterwegs war, in den »Reise-Erinnerungen aus Indien«, wie sein Buch heißt: »Ganz im Gegensatz zu den Sitten der übrigen asiatischen Völker erfreut sich bei den Birmanen das weibliche Geschlecht ebenso großer Achtung wie Freiheit … es ist entschieden das tüchtigere …«

Aber es war eben vor allem der Buddhismus, der spirituell ausgerichtete Reisende wie Hans-Hasso von Veltheim-Ostrau ins Herz traf; zuvor, in Indien, hatte ihn der Hinduismus eher verstört als berührt: »Das von religiösem Glaubenseifer ins Fieberhafte gesteigerte Denken und Empfinden, welches … der vorderindischen Welt den Schein des Weltfremden und Unnahbaren gibt, fehlt dem Birmanen fast gänzlich.«

Auch ein anderer berühmter blaublütiger »sophisticated traveller« jener Jahre, Hermann Graf Keyserling, dem wir das viel zitierte Wort vom »kürzesten Weg zu sich selbst, der einmal um die Welt herum« führt, verdanken, fühlte sich in Burma wohler als in Indien. Dort, so schien es ihm, »hat der ungeheure Zug ins Übersinnliche die Natur zum Schattenspiel verbleicht.« Im Gegensatz zum Ganges etwa hatte für Keyserling der mächtige Fluss Irrawaddy zwar eine große, auch sinnliche Ausstrahlung, »Pagode auf Pagode, Kloster auf Kloster schmücken seine Ufer«, aber »er ist«, so schränkte er ein, » kein heiliger Strom; er ist ohne tiefere Symbolik.«

Nicht alle waren zu so viel Reflektion und Würdigung der buddhistischen Hochkultur im alten Burma fähig, schon gar nicht die Mehrheit der Briten, die damals Vorder- und große Teile Hinterindiens beherrschten. Hans-Hasso von Veltheim-Ostrau, der wohlerzogene Schöngeist, nähert sich natürlich tief beeindruckt und mit angemessenem Respekt der Shwedagon-Pagode »goldglänzend, glockenförmig, umrahmt von tropischem Grün«, und entledigt sich seiner Schuhe und Strümpfe, »weil man birmanische Pagoden und Klöster nur barfuß betreten kann«. Umso unbegreiflicher ist es ihm, »dass diese selbstverständliche Verordnung die meisten Engländer abhielt, solche Anlagen zu betreten«.

Auch Hannah Asch, eine muntere Globetrotterin aus Berlin, die zehn Jahre vor dem adligen Herrn aus Mitteldeutschland »Birmanische Tage und Nächte« erlebte, so ihr Buchtitel, wunderte und ärgerte sich über die Arroganz vieler Briten vor Ort. »Meine (englischen) Gefährten rieten mir ab, bis zur Mandalay-Hill-Pagode zu pilgern. Es lohne sich nicht ... Mandalay wäre überhaupt das uninteressanteste Nest, das man sich denken könne. So sprechen die ansässigen Weißen immer; alles ist ihnen langweilig, überdrüssig.«

Der Dünkel der Kolonialherren und die Trennung zwischen Weißen und »Eingeborenen« nicht nur in den legendären Clubs, führte zuweilen zu skurrilen Situationen. So wollte »Fräulein Weltenbummler«, wie sie in Deutschland damals, nach einem anderen Buchtitel von ihr, gern genannt wurde, eine Fähre von der Königsgräberstadt Sagaing am Irrawady hinüber nach Mandalay nehmen, »... wurde aber von dem Ersten Offizier belehrt, dass dies ein Dampfer sei, der nur Zwischendeckspassagiere befördere.« Hannah Asch konnte darin kein Problem sehen: »Na gut, dann fahre ich eben die kurze Strecke als Zwischendeckspassagier, das stört mich nicht.«

Der Disput ging weiter, »aus prinzipiellen Gründen werden Europäer als Deckspassagiere nicht mitgenommen«. Geplänkel hin und her, der Kapitän wurde eingeschaltet, und irgendwann müssen die britischen Offiziere die Diskussion leid gewesen sein, »Fräulein Weltenbummler« durfte an Bord, und später schrieb sie nach Hause: »Es wurde recht nett. Der Kapitän lud mich zum ›sundowner‹, dem Abendtrunk, ein, und bei Sodawasser mit Kognak und Zigaretten verplauderten wir zwei behagliche Stunden.«

Behaglichkeit war auf den Reisen damals die Ausnahme. In den Berichten, die von Expeditionen in die Dschungel Zentral- und Oberburmas handeln, ist oft von Entbehrungen, Strapazen und dem Glutofen Rangun die Rede, nicht selten auch von Pest, Cholera und immer wieder von der Geißel Malaria. Auch die Gruppe von Gerd Heinrich, einem Forschungsreisenden »In Birmas Bergwäldern«, so der Titel seines Expeditionsschilderung aus dem Jahre 1940, wurde häufig vom Tropenfieber heimgesucht: »Das ist nun schon der zehnte Fall dieser heimtückischen Krankheit … denn trotz Atebrinbehandlung (ein Synthetikum, das ab 1930 gegen Malaria eingesetzt wurde, wirksamer und vor allem weniger giftig als das bis dahin benutzte Chinin; der Autor) folgt auf den zweiten Anfall ein dritter, vierter, fünfter mit Temperaturen, die bis zu vierzig Grad aufsteigen.«

Als fast alle Teilnehmer seines Teams elend im Zelt daniederliegen, muss sich Heinrich etwas ausdenken: »Angst macht erfinderisch. Wir versuchen es diesmal mit Reisschleim unter Beimischung von Buttermilch. Unserer ›Dicken‹ ist es einerlei. Sie saugt alles mit gleicher Gier in sich, und bald können wir aufatmen: Die Verdauung nimmt wieder normale Formen an.«

Nicht normal hingegen verlief ein Ausflug in den Urwald, mit einem der ersten Autos, das Burma vor fast siebzig Jahren gesehen hat: »Kleine grüne Lichter leuchten uns aus der Finsternis entgegen. Es sind die Augen von Büffeln, die den Weg versperren und erst im letzten Augenblick vor dem Auto ins Bambusdickicht springen. Wir fahren gerade langsam über eine Brücke, als mit einem fürchterlichen Krach Wagen und Motor auf der Stelle stehen bleiben. Himmel, was ist jetzt geschehen! Die Brücke ist unter der Hinterachse des Wagens zusammengebrochen. Das Chassis liegt auf der vorderen Böschung des bisher überbrückten Baches, die Hinterräder stecken in ihm wie das Fuchsbein in der Falle …«

Es wäre auch damals schon und noch viel früher wesentlich bequemer gegangen. Ein kleines rotes Handbuch, der erste Reiseführer über »India, Burma and Ceylon«, herausgegeben 1925 von Thomas Cook in London, empfiehlt dringend, überall nur erster Klasse zu reisen, ob in der Eisenbahn oder auf den Dampfern der legendären Irrawady Flotilla (in deren Tradition heute die Schiffe der Pandaw-Flotte stehen). Und ein Diener sollte schon dabei sein ... Über die Kosten müsse man nicht lange nachdenken: Drei Rupies pro Tag seien angemessen, »inklusive Mahlzeiten für den ›boy‹«.

Das Leben in den Straßen und auf den Basaren, die Riten und Feste wurden von allen frühen Reisenden staunend erlebt. So beschreibt der Kronprinz von Bayern die Namensgebung eines Kindes, ein ganz wichtiges Ereignis im Leben jedes Burmesen: »Es erfolgt etwa im dritten Lebensjahr, wobei dann die Ohrläppchen durchstoßen werden ..., die man durch Einfügen von immer mehr Bambusstäbchen so lange erweitert, bis sie imstande sind, Pflöcke von zwei bis drei Zentimetern Durchmesser aufzunehmen ... bei den Männern aus Ebenholz, bei den Frauen aus Bernstein oder Nephrit ... bei den reicheren Damen aus Goldscheiben, die mit Rubinen oder Diamanten besetzt sind.«

Und schon vor mehr als hundert Jahren, 1908, teilte der Jesuitenpater Joseph Dahlmann den frommen Christen daheim mit, wie ein religiöses Fest in Hinterindien abläuft: »Das Pagodenfest sammelt außerordentliche Volksmassen um die Heiligtümer … Reiche Familien wetteifern in dem bunten Schmuck, der den einzelnen Zelten gegeben wird … Alles ist rein und zierlich … Für das geistliche Oberhaupt ist ein glänzender Pavillon improvisiert … ein feines Ruhelager mit vergoldeten Pfosten und vergoldeten Stühlen.«

So sehr ihn die Riten in den buddhistischen Tempeln in der Seele berührten, so wollte es sich Hans-Hasso von Veltheim-Ostrau aber doch nicht nehmen lassen »auch die Astrologen, die … eine große Rolle im täglichen Leben spielen, aus eigener Anschauung kennenzulernen … Das Wartezimmer des weisen Mannes war schon am frühen Morgen gefüllt … er wurde von den Anwesenden wie ein indischer Guru verehrt …« Was der Meister über des Reisenden Vergangenheit, seinen Charakter und seine Neigungen in den Sternen, in der Hand und in den Augen liest, verblüfft den klugen Kopf aus Deutschland, alle Angaben über seinen bisherigen Lebenslauf »erwiesen sich als erstaunlich richtig«. Noch mehr überrascht war von Veltheim über den Preis »dieser ganzen Beratung … sie kostete nur eine Rupie … für wohltätige Zwecke«.

Am letzten Abend besuchte der Edelmann aus Sachsen-Anhalt, der noch in den dreißiger Jahren, also in Nazi-Deutschland, mit dem Berliner Rabbiner Leo Baeck befreundet war und ihn bis an sein Lebensende als einen seiner spirituellen Lehrer angesehen hat, noch einmal die Shwedagon-Pagode, die über Rangun leuchtet. Ein einheimischer Freund erzählt ihm, dass jeder Burmese eine bestimmte Glocke dort auf der Plattform dreimal laut anschlage. So würden Buddha und die zuständigen Geister um Schutz für unterwegs und eine glückliche Heimkehr angerufen: »Ich schlug also die Glocke dreimal an; ich ahnte, dass ich dieses gastfreundliche Land mit seinen kulturellen Schätzen und seinen liebenswürdigen Menschen nicht wiedersehen würde. Vergessen aber werde ich sie nie.«

Burmas Herz, Buddhas Buch

Modernes, magisches Mandalay

Es war Liebe auf den ersten Blick, damals, in den achtziger Jahren.

Mandalay, was für ein Name, wie viel exotische Verheißung schwang da mit: wispernde Geschichten und Geheimnisse, Basare voller Farbenpracht, die Märkte der Inder und Chinesen, Pagoden, mit Gold überladen, die Stadt des Glaspalastes der letzten Könige von Burma, Ochsenkarren und alte englische Autobusse bestimmten das Straßenbild, Wasserbüffel und Arbeitselefanten das der Ufer des Irrawaddy.

Und heute? Längst drängen sich von früh bis spät stinkende Lastwagen, Tausende kleiner Autos, immer mehr überfüllte Sammeltaxis und immer weniger Fahrradrikschas durch eine geometrisch angelegte Stadt, die nicht wächst, sondern, vor allem an ihren Rändern, wuchert: Banken und Betonkästen zeugen vom massiven chinesischen Einfluss auf die Wirtschaft, Warenhäuser, Billigläden, Internet-Cafés, Diskotheken von der Prosperität, die sich in den Großstädten Myanmars trotz der politischen Isolation durchsetzt. Mehrmals haben verheerende Großfeuer ganze Viertel in Schutt und Asche gelegt, zuletzt 1984. Elf Jahre später wurden zudem Teile der einst malerischen Altstadt rund um die Festung weggeräumt, die Menschen in Plattenbauten am Rand der Millionenmetropole oder aufs Land vertrieben.

Aber Mandalay ist, anders als Bagan oder das frühere Rangun, eine junge Stadt. Und schon am Beginn ihrer Geschichte standen Umsiedlungen traurigen Ausmaßes: Vor gut hundertfünfzig Jahren, zwischen 1857 und 1860, verlegte König Mindon, der vorletzte Herrscher der Konbaung-Dynastie, seinen Thron von Amarapura, der »unsterblichen Stadt«, ein paar Kilometer nach Norden. Hunderttausend Menschen, so berichtet die Chronik, mussten mit ihm ziehen. Das Königreich von Mandalay, das letzte in der Geschichte des Landes, entstand, prachtvoll der Palast im Zentrum der neuen Metropole, blühend über drei Jahrzehnte das Reich.

Nach ihm folgte Thebaw, ein schwacher Regent, der seine Herrschaft mit Intrigen und massenhaftem Mord an Mindons großer Familie begründete. Der indische Schriftsteller Amitav Gosh hat Mandalays kurzes, aber prunkvolles Aufleuchten, den Niedergang, verbunden mit Thebaws Schicksal, seiner Verbannung ins indische Exil und Burmas Weg unter die britische Fuchtel zu einem wunderbaren Schmöker verarbeitet: »Der Glaspalast« ist das Epos Mandalays und seiner königlichen Residenz:

»... eine Stadt für sich, mit langen Straßen und Kanälen und Gärten. Zuerst kommen die Häuser der Beamten und der Edelleute. Und dann stehst du vor einer Palisade aus riesigen Teakholzpfählen.

Dahinter verborgen liegen die Wohnräume der königlichen Familie und ihrer Dienerschaft – Hunderte und Aberhunderte Zimmer, mit goldenen Säulen und blank glänzenden Böden. Und genau in der Mitte befindet sich ein riesiger Saal, wie ein großer funkelnder Lichtstrahl. Die Wände sind mit Kristall verziert und die Decke mit Spiegeln behangen …«

Nichts ist geblieben von der Pracht des gläsernen Palastes, zu dem einmal über hundert funkelnde Gebäude gehört haben sollen. Nur eine acht Meter hohe Mauer, viermal zwei Kilometer lang, zeigt die Dimension der quadratisch angelegten Residenz. Von einem Holzturm, vor ein paar Jahren erst aufgestellt, lassen sich die Relikte der Festung und des Palastes in seiner Mitte bewundern: die gepflegten Gärten, ein paar rekonstruierte Gebäude, der breite Wassergraben, der parkähnliche Grünstreifen, der die gesamte Anlage umschließt und für den ein paar Tausend Menschen 1995 zwangsweise umgesiedelt worden waren.

Und das Mandalay der schönen Erinnerungen? Der Mythos einer Stadt, in der einmal, wie in Bagan, wie in Rangun, das Herz Burmas geschlagen hat? Alles noch da, sogar leicht zu finden, wenn man nur jemanden wie Mister Swe kennt, den Freund eines Freundes aus Yangon. Mister Swe, der bis vor kurzem Lehrer war und jetzt von einer kleinen, sehr kleinen Pension lebt, ist unser Guide für zwei Tage. Er schafft es mühelos, unsere alte Liebe Mandalay wieder frisch zu machen, diesmal auf den zweiten Blick.

Der kleine Mann mit dem runden Gesicht, das von früh bis spät zu strahlen scheint, weiß so gut wie alles, zum Beispiel, wo ein kaputter Koffer in zehn Minuten repariert, ein abgebrochener Absatz am Schuh wieder sicher angeklebt werden kann, in welchem Internet-Café die schnellsten Computer stehen, wo sich einheimische Durchschnittsfamilien zum Abendessen treffen, nämlich unter bunt illuminierten Bäumen und mit Blick auf eine goldene Pagode im Scheinwerferlicht.

Zwei Tage nur führt er uns durch seine Stadt, und mit jeder Stunde wirkt Mandalay, die Millionenstadt, intimer, magischer, poetischer. Morgens schlendern wir durch Nebenstraßen zu Märkten, in denen die Bauern aus der Umgebung, aber auch chinesische Händler und Schmuggler ihre Stände aufbauen, weit entfernt von den neuen Einkaufszentren, die sich im Zentrum ausbreiten und längst die alten Markthallen aus der britischen Zeit verdrängt haben.

Später lassen wir uns mit tausend und noch mehr Pilgern durch Basargassen ins Innere der Mahamuni-Pagode treiben, dem Großen Weisen entgegen, einer fast vier Meter hohen Buddhastatue, die so dicht und dick mit Goldplatten bedeckt ist, dass die Züge des Erleuchteten kaum noch zu erkennen sind. Buddha selbst soll ihr einst mit seinem Atem ein Antlitz verliehen haben, das ihm wie aus dem Gesicht geschnitten war. Nur die Shwedagon-Pagode in Yangon und der goldene Felsen von Kyaikhtiyo mögen wohl bei den frommen Burmesen noch mehr Verehrung genießen als der Große Weise in Mandalay.

Harmonie und Stille, meistens nur einen Steinwurf entfernt vom Getriebe der Großstadt, hundertfach zu erleben in den Höfen und Gärten der Tempel, im Innern der vielen Pagoden, die prächtig, aber nirgendwo protzig wirken: Der Marmor-Buddha in der Kyauktawgyi-Pagode, zwischen dessen Augen vierundfünfzig Diamanten funkeln, das leuchtende Gold der Eindawya-Pagode, der große Baum der Erleuchtung vor der Set-kya-thiha-Pagode, unter dem sich ein Dutzend rosa gekleideter Nonnen ins Gebet versenkt niedergelassen haben.

Mister Swe steuert auf die Kuthodaw-Pagode zu, die das »größte Buch der Welt« birgt: ein steinernes Monument aus siebenhundertneunundzwanzig »Kapiteln«, jeweils auf Marmortafeln geritzt und alle siebenhundertneunundzwanzig von kleinen Pagoden ummantelt. Der Inhalt: natürlich die Lehre Buddhas, seine wichtigsten Erkenntnisse und die Regeln für Mönche, Nonnen und Laien. Über zwei Jahrtausende waren diese heiligen Schriften nur in Palmblätter geritzt worden, »Bücher«, die dem Tropenklima nicht lange standhielten. Deshalb beschloss 1872 eine Synode aus zweitausendvierhundert Mönchen, von König Mindon zum zweitausendvierhundertsten Todestag des Erleuchteten nach Mandalay einberufen, den gesamten Text in Marmor zu gravieren, ein Weltrekord der Steinmetzkunst.

Noch immer arbeiten Handwerker vieler Zünfte vor allem zur Ehre Buddhas, meißeln in der Straße der Steinmetze neben der Mahamuni-Pagode Statuen aus Marmor- und Granitblöcken, schnitzen nicht weit entfernt davon Friese und Fensterrahmen für Klöster, schlagen in dunklen Werkstätten stundenlang Gold zu hauchdünnen Plättchen, dem beliebtesten Tempel-»Mitbringsel« aller Gläubigen; sie kleben sie überall im Lande zum Zeichen der Verehrung auf Buddhastatuen, Pagoden und auf den sagenumwobenen goldenen Felsen. Es ist ein Knochenjob, ungesund, schlecht bezahlt und dennoch hoch begehrt, weil er Buddha dient. Weit über die 36. Straße hinaus, den Sitz zahlreicher Goldschläger-Betriebe, hallt der Klang der heiligen Hammerschläge.

Letzter Nachmittag, noch einmal auf den Mandalay-Hügel hinauf, wie damals, beim ersten Besuch vor vielen Jahren. Mister Swe schlägt, auch um des guten Karma-Kontos willen, den Aufgang zu Fuß vor – knapp tausend Stufen ohne Schuhe, ohne Strümpfe –, obwohl auch eine Straße bis fast zum Gipfel führt, fortgesetzt von einer Rolltreppe und einem Lift.

Buddha soll einst auf diesem Berg gestanden und seinem Lieblingsjünger Ananda geweissagt haben, dass unterhalb dieses Hügels dereinst eine bedeutende Stadt entstehen würde. Und bis heute steht die Figur des »Prophezeienden Buddha« auf einer Plattform am Berg, ein gutes Stück unterhalb des Gipfels, und zeigt zum Königspalast hin, Ananada kniend zu seinen Füßen. Nirgendwo sonst in der buddhistischen Welt gibt es eine solche Handgeste.

Der Blick vom heiligen Berg, aus gut zweihundertvierzig Metern Höhe, geht über die Stadt, aus der immer mehr Hochhäuser ragen, zum breiten Fluss hin, der zu dieser Stunde als ein silbernes Band eine dunstige Landschaft durchschneidet. Sonnenglast liegt wie eine Folie auch über den Reis- und Gemüsefeldern im flachen Land um die Stadt herum. Wie schon beim Aufstieg werden wir auf dem Gipfel oft angesprochen: Wahrsager wollen aus der Hand lesen, Astrologen unseren Reiseplan überprüfen, Studenten und Mönche über Buddha, Gott und die Welt mit uns ins Gespräch kommen, meistens auf Englisch, und wenn es nicht anders geht, hilft Mister Swe weiter.

Seine Lieblingspagode steht in keinem Reiseführer verzeichnet, eine kleine, geheimnisvolle Grotte an der Straße, die zum Berg hinaufführt. Mister Swe lächelt, kniet lange und andächtig vor einer Buddhastatue, die den Religionsstifter beim Eingang ins Nirwana zeigt. Zwischen Säulen, in die kunstvoll Geckos, Affen und die Blätter des Bodhibaumes geschnitzt sind, flattern bunte Vögel und graue Fledermäuse umher. Auf einigen Podesten hocken Mönche im Lotussitz, versunken in die Welt des Geistes, als seien auch sie aus einem Holzstamm geschnitzt.

Ein paar Schritte abseits vom Hauptweg. Ganz still ist es hier, die Geräusche der großen Stadt sind nur als fernes Rauschen zu vernehmen. Jemand hat an dieser Stelle einen Buddha in der Geste der Erdanrufung aus der Wurzel eines heiligen Baumes geformt. Kinder haben Blumen, die wie Herbstastern aussehen, gebracht und ordnen sie jetzt in einfachen Vasen. Unser Freund Swe deutet auf das Dorf Pondawdu, am Fuße des berühmten Hügels. Dort unten, so sagt er mit fröhlichem Lachen, wohnt Ko My, der Schiffskoch. Gestern hatten wir unserem Begleiter erzählt, dass wir demnächst auf dem Teakholzkreuzer »Amara« den Ayeyarwady befahren würden.

Wie kommt es, wollen wir wissen, dass wir in einem Land mit über fünfzig Millionen Einwohnern und in einer so großen Stadt wie Mandalay so häufig auf Menschen treffen, die jemanden kennen, den wir gerade getroffen haben oder demnächst kennenlernen werden? Mister Swe lacht und freut sich über unsere Verblüffung. Er lacht, wie die meisten Burmesen, sehr oft und sehr herzlich, obwohl er, aus westlicher Wertung seiner Lebensumstände, eigentlich wenig zu lachen haben müsste. Zwischen Dezember und März, in der Touristensaison, gelangt er zwar hin und wieder zu so einem Zwei-Tage-Auftrag wie mit uns. Aber er hat vier Kinder, die gute Schulen besuchen, und eine Frau, die aus ihrem Bürojob gerade mal hundert Euro im Monat nach Hause bringt.

Mister Swe erzählt von seinem Freund, dem Schiffskoch, von seinem eigenen Alltag, den er weitaus weniger schwer findet als wir, von seiner

Liebe zu seiner Familie, zu Buddha, zu Mandalay, zu Myanmar. Alles hängt mit allem zusammen, und alles ist ganz einfach, sagt Mister Swe: »Dies ist eben Burma, Sir, verstehen Sie?«

Mister Smith und die »Unsterbliche«

Logbuch einer Flussreise auf dem Ayeyarwady

Später Nachmittag auf der »Amara«, einem kleinen, feinen Teakholzschiffchen. Acht oder neun Passagiere träumen auf Bambusliegen vor sich hin, heben die Köpfe und die Ferngläser, wenn eine Fähre in Sicht kommt, beladen mit Lastwagen und Ochsenkarren, oder ein Floß, auf dem das Essen über Kohleöfen gekocht wird und daneben die Wäsche im warmen Fahrtwind trocknet. Die goldenen Kuppeln der Pagoden an Backbord und an Steuerbord blinken aus dem dunklen, dunstigen Tropengrün, hundertfach, tausendfach. Vom Ufer winken Kinder herüber, sanfter Klang von Tempelglöckchen von irgendwoher macht schläfrig und glücklich.

Die Stunden an Deck fließen so wohlig-träge dahin wie der breite Fluss, der nun Ayeyarwarda heißt und bis vor Kurzem unter dem Namen Irrawaddy viel bekannter war. Er ist die Lebensader dieses Landes. Über zweitausend Kilometer mäandert er durch die Mitte Burmas, von den Götterbergen im Himalaya, durch Schluchten und flaches Reisland, bis in ein breites Delta südwestlich von Yangon. Dort mündet der Fluss, der zu den ganz großen magischen Strömen Asiens gehört, endlich in die Andamanensee.

Bevor die kurze Dämmerung in die Nacht übergeht, verwandelt die Sonne wie jeden Tag das Wasser noch einmal in flüssiges Gold. Kapitän U Win, der sein ganzen Leben auf diesem Fluss verbracht hat, schickt ein Beiboot voraus. Zwei Matrosen loten mit langen Stangen die Tiefe aus und zeigen sie dem Kapitän mit ihren Fingern an. Sein Echolot verhallt im Schlamm, die ständig wandernden Sandbänke entziehen sich sowieso jeglicher Kartografie. Ruhig und gelassen hält U Win die »Amara« auf Kurs.

Zeit für einen Sundowner. Min Min, den sie alle nur »Mister Smith« rufen, mixt heute eine »Ayeyarwady Queen«, viel Gin, etwas Cointreau, Grenadine, Angostura, einen Spritzer Orange, ein paar Tropfen Limone. Min Min steht kurz vor einem Wirtschaftsexamen, aber in den Semesterferien verdient er sich sein Studium an Bord. Aus einer Sektlaune heraus haben ihm Passagiere in der letzten Saison den »neuen« Namen verpasst, seither trägt er ihn sogar auf dem Schild an seiner blütenweißen Servicejacke. Ob er stolz auf den »nickname« ist? Seine Antwort ist ein schüchternes Lächeln.

Vor zwei Tagen sind wir in Mandalay an Bord gegangen, über eine schwankende Planke, an deren Seiten zwei Matrosen Bambusstangen als Halt anboten: sieben Österreicher aus einer Familie, ein amerikanisches Ehepaar, wissbegierig und bestens vorbereitet, und wir, die beiden Deutschen. Nur sieben Kabinen hat die »Amara«. Gegessen wird an Deck, mit der Bar im Rücken und den Fluss vor Augen, auf dem das Leben wie in einem der schönen, stillen Filme abläuft, die vor allem Franzosen über die verlorenen Welten hinter Indien gedreht haben.

Gerald Schreiber, ein Münchner Betriebswirt, der mit einer Burmesin verheiratet ist, hatte 2001 die Idee, Reisende wie früher auf dem Wasserweg durch das Heimatland seiner Frau treiben zu lassen: genüsslich, mit einer gesunden Brise an Deck und auch in den Kabinen ohne Klimaanlage, die dennoch – oder auch deswegen – als komfortabel zu bezeichnen sind. Oft buchen große Familien und Freundeskreise alle Kojen auf einmal, für eine gemeinsame Annäherung an ein Land, das mit so vielen Legenden, Klischees und Vorurteilen gesegnet und belastet ist.

Gerald Schreibers angeheirateter burmesischer Clan hat mit ihm, dem Zahlenmenschen, der aber auch ein leidenschaftlicher Bastler und Tüftler ist, innerhalb von zwei Jahren in Mingun aus einem alten Lastenkahn den wohl schönsten kleinen Kabinenkreuzer auf den Ayeyarwady gezaubert. Onkel Than, in jungen Jahren ein gefragter Bootsbauer, wurde zum obersten Ratgeber ernannt, Vetter Thie, ein Holzfachmann, übernahm die Bauaufsicht, Schwager, Brüder, Freunde, Nachbarn halfen mit. Die Arbeiter durften die ganze Zeit über in einem Kloster neben der »Werft« wohnen; der Abt gehört auch zur Großfamilie.

Vom Bug schaut eine fein geschnitzte Galionsfigur über den Horizont hinaus: Amara, »die Unsterbliche«. Sie stammt aus dem mythischen Dunkel buddhistischer Sagenwelt, die eins geworden ist mit dem noch viel älteren Volksglauben. Die Passagiere finden den Namen und das damit verbundene Versprechen irgendwie beruhigend. Dazu trägt auch bei, wie liebevoll Miu Min, ein sehr junger Kabinensteward und Deckshelfer, der unsterblichen Göttin jeden Morgen eine Blütenkette um den Hals legt. Anschließend kümmert er sich auf dem Schiffsdach, direkt über der »Kommandobrücke«, um U Shin Gyi, den mächtigen Geist der Flüsse und Meere. Er wird mit Bananen, Betelblättern und Kokosnüssen bei Laune gehalten, jeden Tag aufs Neue.

Morgenstimmung, ein erster Kaffee an Deck. Wasservögel huschen über den Strom, ein Fischer lässt sich neben der »Amara« auf seinem Einbaum treiben, das Netz in der einen Hand, mit der anderen winkt er uns. Wieder glitzern an Land die Pagoden in der Sonne. Jemand will einen Elefanten am Ufer gesehen haben, der Baumstämme bewegt hat. Aus der Kombüse duftet es nach Spiegeleiern mit Speck und warmen Pfannkuchen. Zum Lunch wird Ko My, der Koch aus Mandalay, etwas Leichtes vorbereiten: Kürbissuppe und ein Kartoffelcurry. Das Abendmenü: Spinatsuppe, gebratener Tintenfisch, vielleicht auch Butterfisch, den Miu Min vorhin gefangen hat, danach frische Früchte.

Einmal wird ein Barbecue auf einer Sandbank zelebriert, im Schein vieler Fackeln, das in unserem Fall romantisch beginnt, aber schon bald einen überraschenden Verlauf nimmt. Die Teller sind kaum gefüllt, mit Koteletts, gegrillten Kalamari, mit

Fisch, vielerlei *Currys*, Teigtaschen, Okraschoten und natürlich mit *Dal*, dem pikanten Linsenbrei, als die Attacke beginnt: ein Mottenschwarm greift an, noch einer und noch einer und noch hundert dazu. Millionen, Myriaden Motten verhüllen das Büfett, die Tische, die Menschen, die ganze Sandbank. Ein paar Minuten versuchen alle, die Teller und Gläser nach jedem Bissen, jedem Schluck abzudecken, versuchen erfolglos, sich zu wehren, um sich zu schlagen, sich wenigstens zu arrangieren. Zwar stechen die Viecher nicht, aber sie verkleben Augen, Nase, Ohren, das Essen.

Victor und Beth, unsere beiden Amerikaner, flüchten an Bord, unter Deck. Der Rest der Truppe will nicht gleich aufgeben. Min Min, der Barmann, und Miu Min, der Steward, und bald die ganze Crew, heben eine Grube aus, ein Rondell, in dem die Party weiter oder eigentlich erst richtig losgehen kann. Das dauert nicht lange, der Sand ist weich, und es gibt genügend Schaufeln, man hat wohl Erfahrung an Bord der »Amara« mit solchen Überfällen. Die kuschelige Kuhle wird dicht mit Fackeln umstellt, wie eine Palisade aus Feuer. Das Wunder tritt ein: Die Motten verziehen sich. »Mister Smith« und Miu Min haben mit den Schaufeln auch ihre Gitarren aus der Kammer geholt. Jetzt stimmen sie burmesische Lieder an, die, wie wohl überall auf der Welt, von Liebe und Hoffnung handeln und traurig klingen. Nach zwei, drei Bechern Palmbier tragen die Gäste aus dem Westen »My Bonnie Is Over ...« und den »Hamborger Veermaster« vor. Auch die Lieder der beiden »Amara«-Männer werden nun fröhlicher.

Tagsüber, zwischen diesen und anderen kulinarischen Abenteuern: Ausflüge mit Pferde- und Ochsenkarren zu Tempeln und Klöstern, Spaziergänge durch Dörfer, die kein Reisebus anfahren könnte, behutsame Besuche in Schulen, Werkstätten, Webereien, Tabakmanufakturen. Langsame Annäherung mit viel Hintergrund, für den Mister Htin sorgt. Er ist »Reiseleiter«, Problemlöser, »Cruise Director«, ein gebildeter junger Mann, der mit viel Erfolg für Wohlbefinden in allen Bereichen sorgt.

Mingun zum Beispiel, eine Stunde flussaufwärts hinter Mandalay. Ein König namens Bo Daw-hpaya – Bo ist ein Herrschertitel – hatte vor zweihundert Jahren den Ehrgeiz, die größte Pagode seines Reiches zu bauen, am liebsten gleich: die größte der buddhistischen Welt. Unbedingt sollte sie von Amarapura zu sehen sein, der »unsterblichen Hauptstadt« zwanzig Kilometer südlich von Mandalay. Nur ein Steinkoloss ist von dieser Mantaragyi-Pagode übrig geblieben, mit der Bo Daw den Himmel herausfordern wollte. Tausend Sklaven und Kriegsgefangene hatten Ende des 18. Jahrhunderts jahrelang geschuftet. Ein Drittel der geplanten Höhe von über hundertfünfzig Metern war geschafft, als 1819 der König starb, der sich gegen Ende seines größenwahnsinnigen Lebens auch noch für eine Inkarnation Buddhas gehalten haben soll. Zwanzig Jahre lang lag danach die Baustelle brach, bis ein Erdbeben Teile der oberen Rundmauern in die fertige Basis stürzen ließ. Wo vielleicht ein Knöchelchen Buddhas oder das Haar eines verehrten Mönchs als Reliquie hätte eingemauert werden sollen, steht heute der imposante Torso, braungelb mit einem blendend weißen Tor.

Der angenehm temperierte Morgen ist in einen Vormittag geglitten, der schon die spätere Glut des Tages ahnen lässt. Mister Htin hatte auch aus diesem Grund gleich nach dem frühen Frühstück zum Landgang gedrängt. Die Händler hatten noch die Planen von ihren Ständen genommen und ihre Auslagen dekoriert, als wir fast allein durch die langen Ladenstraßen zu den Pagoden schlenderten: Postkarten, »alte« Marionettenpuppen, auf denen die Farbe gerade eben getrocknet war, Bilder auf Reispapier, T-Shirts, viel Kitsch.

Eine gute halbe Stunde haben wir die Pagoden, neben der ziegelfarbigen Ruine auch blendend weiße Kuppeln, fast allein für uns, dann spucken Busse, die über Land von Mandalay gekommen sind, die Besucher in großer Zahl aus. Wie ein Demonstrationszug wälzen sich jetzt die interessierten Menschen aus dem Westen einem weiteren Superlativ entgegen. Fahnen, die auf die Gruppen und ihre Länder hinweisen, ragen aus der Masse. Ziel ist eine Glocke, über hundert Tonnen schwer, sechs Meter hoch, fünfzehn Meter Umfang, die »größte der Welt«. Zwar gibt es in Moskau eine größere, aber die ist gesprungen und lässt sich, im Gegensatz zum heiligen Klangkörper von Mingun, nicht mehr anschlagen.

Fünf, sechs Kinder hat jetzt jeder von uns an der Seite. Sie bieten Fächer an, Seidentücher, Tragetaschen und einen Schnellkurs in Burmesisch. »Mingalabaa … guten Tag ! Ne gaung-je-la … Wie geht es ? … Where are you from … aaaah Germany, very good football … Beckenbauer, Ballack …« Ohne Hektik löst Mister Htin seine kleine Schar von den fröhlichen Begleitern und den großen Sehenswürdigkeiten. In einem Altersheim, gestiftet von chinesischen Brüdern, die ihre Millionen mit dem Allheilmittel Tiger Balsam gemacht haben, sind wir dann für eine gute Stunde allein mit armselig gekleideten Greisen, die Männer von Mönchen, die Frauen von Nonnen betreut. Das Lächeln dieser Menschen wirkt lange nach.

Ein anderer Tag, und wieder berührende Begegnungen. Diesmal warten Pferdekutschen auf die »Amara«-Truppe. Eine Stunde über Sandwege und durch schmale Alleen, von Tamarinden, Regenbäumen und Talipot-Palmen gesäumt, vorbei an glitzernden Reisfeldern, die einmal einem König gehört haben. Und dann eine Schule im Kloster Bagaya. Es gehört zum großen Komplex von Inwa, das auch einmal burmesische Hauptstadt war. Sie war so bedeutend, dass damals das ganze Reich Inwa genannt wurde oder auch, in anderer Schreibweise, Ava.

Der Abt und »Rektor« heißt U Week Sa Ra, ein gütig wirkender Mann, der stolz auf seine Schule und sein Kloster ist. Bagaya wird von zweihundertsiebenundsechzig Säulen aus massivem Teakholz getragen. Es ist angenehm kühl zwischen den mächtigen Holzpfeilern, die bis zu achtzehn Meter hoch sind, und so dunkel, dass man die feinen Schnitzereien kaum sieht. Nur in den Klassenraum fällt Licht, gefiltert durch Bambusjalousetten. Der ehrenwerte U Week unterrichtet dort an diesem Vormittag über vierzig Jungen und Mädchen, die sich nur zu gern vom Besuch ablenken lassen.

Letzter Abend. Wir liegen im Strom vor Anker, vor uns die Lichter von Bagan, der heiligen Stadt aus der burmesischen Blütezeit, die über tausend Jahre zurückliegt. Zweitausend Pagoden, die meisten nur noch Ruinen, sollen es sein, die aus dem riesigen Ruinenfeld neben der kleinen Stadt von heute ragen. Die Reisetruppe bereitet sich an Deck auf ihren Rohrstühlen auf das Wunder am Ayeyarwady vor, ein Weltkulturerbe. Einige Frauen blättern in ihren Reiseführern, der Senior raucht eine stark duftende Zigarre, wie wir sie in den Dörfern die alten Frauen haben paffen sehen; jetzt, zur blauen Stunde helfen sie gegen die Moskitos, wenn man nur fest genug dran glaubt.

»Mister Smith« empfiehlt heute einen »Mandalay Old Fashion«: Whisky mit Honig, Limonen und Angustura. Starke Scheinwerfer lassen die große Pagode auf dem Berg Tant Gyi, auf der anderen Seite des Flusses, sogar jetzt, in der Tropennacht, in goldenem Licht erstrahlen. Aus der Dunkelheit wehen Mönchsgesänge an Deck. Mister Htin, der Programmdirektor, schlägt den Gong zum Dinner, ganz sanft.

Dem Himmel ganz nah

Im Ballon über Bagan

Der Mond steht noch klar am Himmel, als die Ballonfahrer am Startplatz eintreffen. Die Luft riecht würzig und angenehm frisch. Drei schwere Plastikhüllen liegen ausgebreitet am Boden. Während sie vom Helferteam nacheinander und innerhalb von nur zehn Minuten zu prallbunten Heißluftvehikeln aufgeblasen werden, rötet sich der Horizont im Osten. Eine Viertelstunde später hat das Tageslicht die Scheinwerfer ausgeknipst, die eben noch die goldene Kuppel der Shwezigon-Pagode angestrahlt haben. Jetzt schimmert der glockenförmige Reliquienschrein, der heiligste von Bagan und Umgebung, im ersten Morgenlicht, unwirklich schön.

Ein Stirnknochen Buddhas soll im Stupa verborgen sein, zudem die Kopie eines Eckzahns des Erleuchteten; das Original wird im Tempel von Kandy auf der Insel Sri Lanka von Buddhisten aus aller Welt angebetet. Und als ob so viel Heiligkeit noch nicht genug wäre, verehren die Gläubigen in der Shwezigon auch noch eine Art Zweitwohnsitz der siebenunddreißig *Nats*, jener Geister, die lange vor Einführung des Buddhismus vor fast tausend Jahren den burmesischen Alltag bestimmt haben und ihn bis heute prägen.

Sie sind eigentlich auf dem »Blumenberg«, dem Mount Popa, zu Hause, nicht weit von Bagan entfernt. Aber da sie sowieso allgegenwärtig zu sein scheinen, billigt man ihnen eben ein zweites Basislager zu. Es war der legendäre König Anawratha persönlich, der Herrscher, der um die Mitte des 11. Jahrhunderts Buddhas Lehre ins Land geholt hat und von tiefer Gläubigkeit beseelt war, der auch den *Nats* ihren Platz in der Shwezigon einräumte, deren Bau er begonnen hatte und die sein Nachfolger Kyansitta in sieben Monaten und sieben Tagen vollendete. Die Weihe geschah in einer Vollmondnacht im Mai 1090, also zu einem Zeitpunkt, der für Buddhisten seit über zweitausendfünfhundert Jahren Geburt, Erleuchtung und Tod ihres Lehrers symbolisiert. Die Shwezigon war spirituelles und architektonisches Vorbild für alle weiteren Pagoden in Bagan und überall in Myanmar. Sie allein begründete den burmesischen Stil.

David Thornby ist der Älteste unter den drei Ballonpiloten, die jetzt gleich aufsteigen werden. Seit fast dreißig Jahren gleitet der sympathische Engländer über die grünen Hügel seiner Heimat oder über die weißen Gipfel der Alpen und nun auch schon jahrelang über die gelbbraune Ebene von Bagan, aus der so viel steingewordene Gläubigkeit und Schönheit leuchtet: »Jerusalem, Rom, die Pyramiden«, sagt David zur Begrüßung, »alles gut und schön, aber Bagan ... es gibt nichts Größeres auf dieser Welt.«

Im Winterhalbjahr fährt David zweimal täglich

in aller Ruhe über dieses eindrucksvolle Tempelfeld, und noch immer hat er das Staunen nicht der Routine geopfert. Jetzt aber erklärt der Veteran erst einmal die Sicherheitsregeln, zeigt, wie man den Korb entert, demonstriert, wie man sich später bei der Landung verhalten muss, in die Hocke gehen, um mögliche Stöße abzufangen und »achten Sie immer auf meine Anweisungen!« David Thornby ist ein cooler Flieger-Typ, einer, dem die Passagiere aller Altersklassen auf Anhieb ihr Vertrauen schenken.

Acht Fahrgäste, jeweils zu zweit eingezwängt in ihre luftigen »Kabinen«, halten sich am Korbrand fest; David füllt den Ballon mit heißer Luft. Heftiges Zischen, feuriges Fauchen, dann schweben wir über Wetky-in, einem Dorf zwischen Nyaung-U und Alt-Bagan: Wellblechdächer, Palmblatthütten, Kinder winken, weißer Rauch quillt aus den Feuerstellen und wird schnell verteilt vom milden Wind, der auch uns höher und höher trägt, hundertfünfzig Meter, zweihundert, dreihundert Meter.

Mit knapp neun Knoten Geschwindigkeit, etwa fünfzehn Stundenkilometern, fahren wir am Himmel entlang, über tausend und noch einmal tausend braune, rote und goldene Tempel, Stupas und Pagoden. Viele dieser heiligen Steine, die von grünem Buschland dekoriert sind, mag man Ruinen nennen, aber aus der Höhe wirken sie wie unzählige Mausoleen, die das Lächeln Buddhas bewahrt haben, um jeden Tag aufs Neue ein paar göttliche Strahlen auszusenden.

Dem holländischen Schriftsteller Cees Nooteboom kamen einige der bröckelnden Heiligtümer wie »gestrandete Titanics« vor, eine merkwürdige Assoziation. Mir gefällt der Eindruck, den der englische Tropendichter Somerset Maugham von diesen Pagoden hatte, besser: »Ihre Wucht, Größe und Pracht kommen durch die Umgebung noch besser heraus, weil sie die einzigen Überbleibsel sind, die auf eine einstmals blühende und dichtbevölkerte Stadt hinweisen …«

Aus der Vogelperspektive lässt sich sogar die Begeisterung des Kolonialbeamten Henry Yule leicht nachvollziehen. Als einer der ersten Briten hatte er um 1850 das Ananda-Wunder vom Ayeyarwada aus gesehen: »Wie ein Schauplatz von einem anderen Planeten, so fantastisch, so außerirdisch wirkt der Anblick …« Der Fluss, von dem er die Kuppeln der Himmelsstadt gesehen hatte, kommt in Sicht, die Herzschlagader des Landes. Für drei, vier Minuten schauen wir auf das Leben am und auf dem großen Strom, sehen die Lastenkähne, die Schleppzüge, sogar die Wäscherinnen am Ufer und die Tamarinden- und die mächtigen Regenbäume.

David gibt Gas: elf Knoten, dann stimmt er sich über Funk mit den Piloten der beiden anderen Ballons ab und geht ein bisschen höher, dreihundertfünfzig, dreihundertsechzig Meter, Kurs Südwest. Ferngläser und Fotoapparate richten sich auf den schönsten Tempel der heiligen Stadt; er ist nach Buddhas Lieblingsjünger Ananda benannt. Stunden haben wir uns gestern durch das mystische Halbdunkel dieses Wahrzeichens von Bagan treiben lassen, begleitet von einer Schar Kinder, die mit ihren weißen Kringeln auf ihren runden Gesichtern, den typischen Hautbemalungen der Burmesen, wie kleine Clowns aussahen.

Ihre fröhliche Unbekümmertheit hatte uns Brücken aus der fast düsteren Erhabenheit im Inneren des Tempels in die lichtdurchfluteten Höfe und zu den beruhigenden Buddhafiguren in den Nischen des Labyrinths gebaut. In der Hoffnung auf ein kleines Trinkgeld verrieten uns die Kinder mit verschmitztem Stolz, vor welcher Statue man drei Schritte zurücktreten musste, um von einem gerade noch ernst blickenden Buddha gütig angelächelt zu werden; auch dies, wie so vieles auf Reisen, nur eine Frage der Perspektive.

Zwanzigtausend Tempel und Pagoden und Klöster sollen von den Königen Anawratha und Kyanzitta im 11. und 12. Jahrhundert errichtet worden sein, für die Ewigkeit, die sie wohl auch für ihr Reich erhofften. Aber schon 1287 überrannte Kublai Khan, Kaiser von China und Enkel des Mongolenherrschers Dschingis Khan, mit seinen Reiterheeren das Land und verwüstete dabei auch große Teile Bagans. Die Blütezeit des ersten burmesischen Großstaates war abrupt beendet.

Bagan dämmerte über lange Zeit vor sich hin, war über Jahrhunderte nur eine Ansammlung armseliger Dörfer neben einem fast vergessenen Weltwunder. Erdbeben, zuletzt 1975, und Plünderungen ließen zahlreiche Heiligtümer verfallen. Und doch wirkt das riesige Areal der zwei- oder dreitausend verbliebenen Pagoden in allen Erhaltungsstufen – von Prunk bis Zerfall – nicht nur aus dem Ballon, sondern auch von vielen hohen Tempelplattformen bis heute wie das Relief eines göttlichen Gebirges.

David deutet auf noch mehr wuchtige steinbraune Monumente, weiße Kuppeln und zierliche Goldspitzen. Hier der gewaltige Sulamani-Tempel, das »Juwel der Krone«, wie sein Name meint, ein zweistöckiger Bau, der den Weltenberg Meru aus dem hinduistisch-buddhistischen Urglauben symbolisiert. Dort, zweihundert Meter weiter westlich, Dhammayangyi, eine massige Pyramide, die die kleinen Pagoden der Nachbarschaft turmhoch überragt. Und eine Minute später: Shwesandaw, ein blendend weißer Kegelbau, auf dessen oberen Stufen wir gestern dem Sonnenuntergang entgegengeträumt haben.

Der Name weist, wie an vielen Orten im Lande, auf eine Haar-Reliquie hin, Shwe und Sandaw: goldenes Haar, von Buddha persönlich. Der Erleuchtete muss, als er um 480 vor unserer Zeitrechnung (nach anderen Quellen: um 370 vor Christus) im Alter von achtzig Jahren gestorben war, einen vollen Schopf hinterlassen haben, der sich seither auf unzählige Pagoden und Dagobas in der buddhistischen Welt verteilt hat. Von Bago, einer von vielen Hauptstädten in der burmesischen Antike, soll diese spezielle Reliquie Mitte des 11. Jahrhunderts an Anawratha, den ersten König von Bagan gelangt sein.

Der kleine Kutscher Tu, eine Art Guide, der uns nach einer Tagestour mit seinem Pferdewägelchen an diesen magischen Ort gebracht hat, weiß nicht viel von Anawratha. Aber er erzählt mit dem Englisch, das er bei seiner Kundschaft aufgeschnappt hat, vom Leben in seinem Dorf und vom Kloster Nathon Kyaung, in dem er ein Jahr als Novize verbracht hat, »eine Ehre für meine Familie ...«.

Tu, der fröhliche Vermittler des burmesischen Alltags, weiß auch, wann er schweigen muss: wenn das Licht des vergehenden Tages noch einmal die Spitzen von Patharda, Myinpagu, Gawdapalin und hundert anderer Pagoden aufglühen lässt. Dann kommt es schon mal vor, dass ein Gast von ihm in den Arm gekniffen werden möchte, nur um sich zu vergewissern, ob man gerade wirklich so viel Schönheit erlebt.

Im Ballon drosselt David jetzt Gaszufuhr und Höhe. Zwar gleiten wir langsamer als zuvor nach unten, aber der »Sinkflug« kommt uns dennoch schnell vor. Kamera festhalten, mit der anderen Hand das Geländer umfassen, in die Hocke gehen. Mit sanften Rumplern berührt der Korb den Boden, ein paar magere Hühner flattern aufgeschreckt in alle Richtungen, dann hat uns die Erde zurück. Drei, vier Helfer lassen unglaublich schnell die Luft aus dem Ballon. Während wir noch der Landung der beiden anderen Himmelsfahrer zuschauen, schenkt David schon Sekt für alle ein, schreibt anschließend Urkunden und posiert ganz bodenständig fürs Erinnerungsfoto.

Heute Nachmittag wird er wieder abheben, dem Sonnenuntergang entgegen.

Der gute Mensch von Deixlfurt

Adel verpflichtet: Die Projekte des Jürgen von Jordan

Die Gegend um den Starnberger See in Oberbayern muss man lieblich nennen, ein behagliches, aufgeräumtes Land in Pastellfarben: grüne Hügel, saftige Wiesen, saubere Dörfer, hellrote Zwiebelturmkirchen. Dort liegt Gut Deixlfurt, ein stattliches Anwesen mit Weiden, auf denen glückliche Kühe und gepflegte Pferde grasen. Vor einem der alten Gebäude halten asiatische Götter und Geister Wache, Statuen und Schnitzereien aus Thailand und vor allem aus Burma. Es ist Mitte September, und die ersten Laubbäume färben sich in ein mildes, rötliches Gelb. Die Luft wird frischer und der Wind kühler.

Der Hausherr heißt Jürgen von Jordan, renommierter Hugenottenadel. Er ist in Schlesien geboren und liebt diese Jahreszeit. Aber seine Gedanken gehen trotzdem nach Burma; in ein, zwei, drei Wochen wird er wieder dort sein, für mindestens sechs Monate. Jürgen von Jordan gehört zu den Old Asia Hands, den alten unverbesserlichen Kennern und Liebhabern, die auch durch keine Voralpen-Idylle vom Asien-Virus geheilt werden können, es letztlich auch gar nicht mehr wollen. Während der Sommerzeit auf dem bayerischen Gut, das sein

Bruder bewirtschaftet, ist Jürgen von Jordan per Telefon und mit dem Herzen so gut wie jeden Tag mit Bagan verbunden, der großen Tempelstadt am Ayeyarwady.

Ein staubiger Wind weht über die trockene Ebene von Bagan, aus der ein märchenhafter Wald aus Pagoden wächst, goldene, weiße und braune Kuppeln, zweitausend und mehr. Es ist Februar, *Tabodwe*, der elfte Monat im burmesischen Kalender. Die Reisfelder in dieser Gegenwelt zu Starnberg sind fast alle abgeerntet, in den Dörfern freut man sich auf die bevorstehenden Feste, auf *Htamane* zum Beispiel, den Erntedank.

Nächste Woche, zum Vollmond hin, müssen dazu große Mengen Klebereis in Öl gebraten werden, mit Kokos versetzt und mit Ingwer und einem Dutzend anderer Gewürze und Kräuter gemischt. Vor den Tempeln werden die Männer nach alter Tradition Pagodenmodelle aus Holz in Brand setzen; man wird sich an den Flammen wärmen, denn die Menschen hier empfinden die Nächte im Januar und Februar, wo sich die heiße Luft bis auf zwanzig, zweiundzwanzig Grad abkühlt, als unangenehm kalt. Erst nach den großen Pagodenfesten im März und erst recht im schwül-heißen Monat Tagu, der unserem April entspricht, müssen nachts keine wärmenden Feuer mehr entzündet werden.

Jürgen von Jordan sitzt im Pavillon seines Hauses Sunset Garden, in der Hand ein Glas mit gut gekühltem Rosé, und schaut auf den Fluss. Die Sonne ist eben mit einem Farbspektakel untergegangen, wie es hier an mindestens dreihundert Tagen im Jahr aufgeführt wird. Von der anderen Seite, vom Berg Tant Gyi, leuchtet eine Pagode herüber, deren Strahlkraft den Fluss illuminiert. Für den bayerischen Landadligen mit dem europäischen Stammbaum ist das Heiligtum, das aus der Finsternis ragt, »mein burmesisches Kloster Andechs«.

Der Mann aus dem Westen, der schon so lange mit dem Osten verbunden ist, respektiert die Frömmigkeit der Buddhisten, aber »ich bin und bleibe Christ, meinen Wurzeln und meiner Kultur verpflichtet«. In seinem Bungalow hängt ein Foto von Neuschwanstein im Winter, das Lieblingsbild vieler burmesischer Freunde. Ein weiß-blaues Emailschild mit den bayerischen Löwen, wie es daheim die Grenzen markiert, erinnert ihn an diesem Ende der Welt an das andere Ende, an den »Freistaat Bayern«.

Daheim? Wo und was ist für Jürgen von Jordan Heimat? »Hier wie dort«, sagt er, der seit 1970 mehr oder weniger in Asien lebt. Damals ist er als Statthalter für den rheinischen Großindustriellen Otto Wolff von Amerongen nach Bangkok gegangen. Ein Vierteljahrhundert hat er dort residiert und repräsentiert, große und gute Geschäfte gemacht, Anlagen, Schiffe, Maschinen verkauft und vermakelt. Als die Goldgräberzeit zu Ende ging, um 1995 herum, zog er nach Burma, ließ sich in Yangon und in Bagan nieder, Orte, die er zuvor während vieler Abstecher aus Thailand lieben gelernt hatte, »Reste einer verlorenen Welt …«. Vor allem »die unglaublich freundlichen und liebenswerten Menschen« nennt er als wesentlichen Grund, warum er geblieben ist und sein Leben weiterhin zwischen Sunset Garden und Gut Deixlfurt aufteilt.

Eine noble Herkunft, ein sonniges Gemüt, Erfolg, Abenteuer. Das ist die eine Seite des alten Asien-Haudegens mit den feinen Manieren. Aber schon in Thailand hat er Herz und Taschen geöffnet für Menschen vor Ort, denen es schlechter ging als ihm, und das waren viele. Sein Sohn, ein Thai, den er vor über dreißig Jahren gleich nach dessen Geburt adoptiert hat, ist zu einem »wunderbaren Menschen« herangewachsen. Und weil Jürgen von Jordan, hier mit Blick auf die heile Welt von Deixlfurt und dort das burmesische »Andechs« vor Augen, noch immer »in einem Goldnest« lebt, wie er sagt, in Burma aber »umgeben von bitterer Armut« ist, hat er vielfache Verantwortung übernommen: zuerst, im Jahre 2000, für hundertfünfzig Kinder in Myat Kha Daw, einem Dorf im Hinterland von Bagan, dem er die erste Schule geschenkt hat (bis dahin wurden die Kinder dort unter einem Tamarindenbaum unterrichtet, und das längst nicht jeden Tag); inzwischen für rund tausendfünfhundert Schüler und Waisenkinder in verschiedenen Teilen des Landes.

Ein Netzwerk aus Mitgliedern des süddeutschen Hoch- und Geldadels, zumeist langjährige Freunde und Weggefährten des guten Menschen von Deixlfurt, hat sich zur Myanmar Foundation verknüpft: einer Stiftung, der Grafen, Fürsten,

Freiherren und Bankiers mit klingenden Namen angehören. Sie helfen ohne Mediengetöse, in Burma Schulen und Krankenhäuser zu bauen, übernehmen Patenschaften, sorgen für sauberes Wasser, zahlen Löhne für Lehrer und Krankenschwestern, Hilfskräfte und Handwerker.

Die Straße aus Bagan heraus in Richtung Westen ist an einigen Stellen mit Sand überdeckt, vom Wind aus der heißen, staubtrockenen Ebene herübergeweht. Ochsenkarren kommen in Karawanen von sieben oder acht Wagen entgegen. Die Bauern, die winkend und lächelnd grüßen, sind mit ihren Fässern voller Erdnussöl und ihren Melonenbergen auf dem Weg zum nächstgelegenen Markt. Das Ziel heißt Myat Kha Daw, in diesem Dorf fing alles an. Es ist nur mit einem hochrädrigen Geländewagen zu erreichen. Nach vierzig Kilometern mündet die geteerte Straße in eine enge und weiche Sandpiste, in der jedes normale Auto sofort stecken bleiben würde.

Zehn, zwanzig barfüßige Kinder laufen dem Bayern und seinen Freunden entgegen, bald sind es fünfzig und mehr. Die meisten tragen grüne und sandfarbene *Longyis*, Schulkleidung. Die Kleinen sind aufgeregt, und jedes Kind will einmal ein Stück an Jürgen von Jordans Hand gehen. Nach zehn Minuten sind die Besucher von gut der Hälfte der neunhundert Einwohner umringt. Erst als der Mönch, die Respektsperson des Dorfes, erscheint, wird eine Gasse zum Weiterlaufen frei.

Als Jürgen von Jordan vor mehr als zehn Jahren

zum ersten Mal Myat Kha Daw besuchte, war er der erste Ausländer, den die Dörfler je gesehen hatten. Noch immer, wie seit Hunderten von Jahren, spielt sich das Leben in einem Rhythmus ab, den Natur und Traditionen vorgeben. Das Vieh schläft unter den Häusern, Strom gibt es nicht, auch keinen Dieselgenerator, nicht einmal einen Brunnen. Die Frauen tragen das Wasser kilometerweit in zehn Kilo schweren Töpfen auf dem Kopf und an der Hüfte in ihre Häuser.

Aber es gibt in Myat Kha Daw immerhin eine Schule, genau genommen sogar zwei, beide von Jordans Myanmar-Stiftung errichtet. Die Kleinen besuchen seit der Millenniumswende die Elisabeth-Grundschule, die nach Jürgen von Jordans Mutter benannt ist. Seit 2005 sind die Chancen der Kinder weiter gewachsen. Die Größeren können nun auf die Wusi-Mittelschule wechseln; der Name steht für die abgekürzten Vornamen eines Spenderpaares aus München. Auf der Veranda werden Bambusstauden und ein paar Blumen in Kanistern gezogen, die früher mit Soja- und Erdnussöl gefüllt waren. Bunte Kinderbilder geben, wie überall auf der Welt, den Schulräumen einen fröhlichen Rahmen.

Ika ist vierzehn. Sie besucht seit einem Jahr die Wusi-Schule. Ihr Vater baut auf zwei kleinen Feldern Reis und Erdnüsse an. Ikas ältere Schwester, ihre Mutter und zwei Kühe helfen ihm dabei. Er ist stolz auf die Tochter, die zu den Besten ihrer gut dreißigköpfigen Klasse gehört. Ika will Lehrerin werden. Vier solcher dörflichen Schulprojekte unterhalten Jürgen von Jordan und seine Geldgeber. Jetzt richten sie ihren Fokus auf die Weiterbildung, auf die Betreuung vom Kindergarten bis zum Abitur und darüber hinaus, auf Berufsschulen für Köche, Kellner, Handwerker. Die Betriebe des schnell wachsenden Tourismusgewerbes warten auf solche gut ausgebildeten Jugendlichen.

In Nyaung U am Rande von Bagan legen die »hauseigenen« Tischler, Maurer und Dachdecker letzte Hand an die erste High School im Jordan'schen Programm. Knapp fünfzigtausend Euro hat sie gekostet, nicht viel für europäische Verhältnisse, aber im hintersten Burma lässt sich damit ein solides Schulhaus errichten. Auch eine Sprachschule, ein schmucker Bau an der Hauptstraße von Bagan, steht seit drei Jahren in der Projektliste der Myanmar Foundation. Dort polieren junge Leute ihre Englischkenntnisse auf, in der Hoffnung auf einen guten Job in naher Zukunft.

Ni Lae zum Beispiel, einundzwanzig Jahre alt. Ihre Eltern führen ein kleines *guesthouse*, eine bescheidene Pension, in der bislang vor allem Pilger aus Oberburma übernachten. Ni will die Unterkunft aufstocken, Toiletten für Westler einbauen, Internet-Werbung machen, ausländische Gäste ansprechen, mit denen sie sich unterhalten möchte. Ihr Traum vom Kontakt in die Welt ist realistisch, genau so wie der von Myint Myat Zaw. Er ist zehn Jahre älter als Ni Lae, ein geschickter Facharbeiter in einer Fabrik bei Bagan. Dort setzt er Elektrorohre zusammen, aber er möchte von der Elektrik auf die Elektronik umsteigen, »in die Hightech-Branche wechseln«, wie er schüchtern lächelnd sagt.

Die beiden Studenten sitzen kurz vor Schulbeginn im Tea Shop neben dem Sprachzentrum und fragen sich gegenseitig Vokabeln ab. Eine Gruppe von Mönchen zieht in langer Kette vorbei und lässt sich auch in dieser Garküche die Schalen mit Reis und Gemüse füllen. Myint und Ni grüßen die frommen Männer mit gefalteten Händen und gesenktem Kopf. Vierzehntausend Kyat müssen sie beide für insgesamt neunzig Schulstunden bezahlen, umgerechnet etwa zehn Euro. Das entspricht dem Monatsgehalt eines Kellners, der aber das Fünf- bis Zehnfache an Trinkgeld hinzu verdienen kann, »wenn er Englisch kann«.

Unterrichtet werden Ni Lae und Myint Myat Zaw und ihre zweihundert »Kommilitonen« von einheimischen Lehrern und Lehrerinnen, aber auch von jungen Frauen aus Deutschland, Töchtern aus dem Freundeskreis, die nach dem Abitur oder zwischen zwei Semestern die Chance nutzen, für ein paar Wochen oder auch ein paar Monate in den Alltag eines sehr fremden Landes einzutauchen. Carlotta aus Aschau etwa, die in England zur Schule gegangen ist, hat gerade eine Stunde lang versucht, die Aussprache »ihrer« zwölf Schüler zu verbessern. »Ich wollte reisen, immer schon, aber nicht von einem Strand zum anderen. Hier habe ich das Gefühl, gebraucht zu werden, und lerne trotzdem das Land ein bisschen kennen.«

Aber auch Touristen, Gruppen aus Deutschland oder Österreich, meistens über den Freundeskreis empfohlen, schauen sich Schulen, Waisenhäuser oder eines der vier kleinen Krankenhäuser an, die von der Myanmar Foundation betrieben werden. Jürgen von Jordan führt die Reisenden, die solche Ausflüge nur zu gern in ihr Programm aufnehmen, manchmal bis nach Myat Kha Daw, in Ikas Dorf hinter den Sanddünen.

Noblesse oblige.

*

Nachtrag:. Jürgen von Jordan schaut wieder auf die Wiesen und Wälder in Oberbayern. Moses Aung Thein Myint, sein burmesischer Freund und Partner, der vor Ort die Geschäfte der Stiftung führt – und auch das feine Restaurant »The Beach« hoch über dem Ayeyarwady leitet – berichtet, dass Japaner in Myat Kha Daw waren, Techniker einer Hilfsorganisation, mit der Jürgen von Jordan vor kurzem Kontakt aufgenommen hat. Sie wollen einen Tiefbrunnen bauen, bald schon, und sie wollen Wasser auf die Felder leiten. Ikas Vater wird es leichter haben, und sie, die Vierzehnjährige, muss kein schlechtes Gewissen mehr haben, wenn sie morgens in die Wusi-Schule geht, anstatt mit Eltern und Schwester ins Reisfeld.

Zurück ins alte Arakan

Impressionen aus einem etwas anderen Burma

Ganz im Westen, am Golf von Bengalen, vom übrigen Burma durch eine bis zu dreitausend Meter hohe Bergkette getrennt, liegt ein großes, nahezu unbekanntes Land. Es heißt Rakhine, wie das Volk, das dort wohnt, und es ist heute ein Teil von Myanmar: touristisch noch weitgehend unentdeckt, vielerorts sogar total verschlossen, schwierig zu bereisen, märchenhaft schön.

Früher, in den Zeiten der Briten, nannten es vor allem die Europäer Arakan, vielleicht vom »Silberland« abgeleitet: Argyre. So hatte es vor fast zweitausend Jahren der griechische Geograf Claudius Ptolemäus bezeichnet. Arakan: das war einmal ein Name wie Tonkin oder Annam im alten Indochina, Begriffe, die längst zu »Vietnam« verschmolzen sind, ehemalige Sehnsuchtsziele wie Timbuktu, Sansibar oder die Seidenstraße, die auch nur noch unter dem Staub vergilbter Folianten und Karten ihren Zauber bewahren.

Ob nun Rakhine, das einmal »Land der Wilden, Heimat der Barbaren« bedeutet haben soll, oder ob Arakan, das nach Sindbad dem Seefahrer, nach Gewürzhandel und den Geheimnissen des alten Asiens klingt: Dieser große Teilstaat, einer von sieben in der Union von Burma, hat sich bis in die Gegenwart viel Eigenständiges, Eigensinniges bewahrt, vor allem den Stolz auf eine große Vergangenheit. Immer hat es von seiner Puffer-Position an der Grenze zu Indien profitiert, ein Scharnier zwischen Südasien und Südostasien. Shiva und Parvati haben hier gewohnt, Buddha ist noch immer allgegenwärtig, Allah und sein Prophet drängen nach vorn.

Das kleine Städtchen Mrauk U, nur auf dem Wasserweg von Sittwe aus und mit abenteuerlichen Booten zu erreichen, war über dreihundertfünfzig Jahre, zwischen 1430 und 1784, eine Metropole des alten Orients. Vergeblich versuchten die Portugiesen von Dianga (im heutigen Bangladesh) und Goa (im heutigen Indien) die Macht der Rakhine-Könige zu brechen. Noch ein paar Jahrhunderte früher schlug sogar in Vesali, heute ein verträumtes Dorf, zehn Kilometer nördlich von Mrauk U, das Herz eines mächtigen Reiches. Heute ruht sich die Geschichte zwischen den Ruinen der Paläste und Pagoden aus, überall liebevoll und in einem nahezu zeitlosen Rhythmus von Mönchen und ärmlichen Archäologen vor dem Vergessen beschützt.

Aus meinem Reisetagebuch:

9. März. Über drei verrostete Seelenverkäufer an der Pier von Sittwe steigen wir in unser Schiffchen. An Deck: zwei wacklige Liegestühle, ein Holztisch, Wasser und Whisky, eine Schüssel mit Bananen. Es wird eine Fahrt in die Nacht und in den Tropenregen. Die Plane über dem Boot ist löchrig und

die dicke Pferdedecke, mit der wir uns gegen die ankriechende Kälte schützen wollten, lässt sich nach ein paar Minuten wie ein nasser Filzlappen auswringen. Also rutschen wir tief in die »Kabine« zu den Bootsleuten und einer älteren Frau, die Reis auf einem Ofen köchelt. Es stinkt nach Diesel, aber das gleichmäßige Tuckern des Motors und der prasselnde Regen auf dem Schiffsdach lassen uns irgendwann einschlafen.

10. März. Ein sonniger, frischer Morgen. Zwischen den Tempeln Shittaung und Htuk-kant Thein, den eindrucksvollsten in Mrauk U, klinke ich mich in eine Spielrunde *Chinlon*, mit der sich ein paar sehr junge Mönche die Zeit nach dem Frühstück vertreiben. Der Rattanball darf dabei mit fast allen Körperteilen bewegt und zu den Mitspielern gekickt werden, nur die Hände und den Boden darf er nicht berühren. Bei Ingrid hat sich ein Schulmädchen, zehn Jahre jung, ganz von sich aus eingehakt und singt ihr das englische Alphabet vor.

Wie eine Burg thront die Shittaung-Pagode auf einem überwucherten Hügel, vor über fünfhundert Jahren vom großen König Minbin gestiftet, als er wieder einmal einen Angriff der Portugiesen abwehren und kurz darauf weite Teile Bengalens seinem Reich zuschlagen konnte. Ziegen klettern über bröselnde Mauern, abgehärmte Männer klopfen Steine für ein neues Fundament. Es wird wohl eine Arbeit für Generationen werden. Wer nicht mit zupacken kann, stiftet einen Sack Zement, ein Blech Zink, eine Fuhre Sand oder mindestens tausend Ziegelsteine. Das alles bringt gute Punkte aufs Karma-Konto.

Düstere Gänge im Innern der Pagode, nur zum Teil funzelig ausgeleuchtet. Nicht nur deswegen wird niemand nachzählen, ob der »Schrein der achtzigtausend Buddhas« seinen Namen zu Recht trägt. Solche Aussagen sind immer symbolisch, zur Ehre des Erleuchteten, gemeint. Mit einer starken Taschenlampe holen wir Wandbilder vom höfischen Alltag, von Kriegen und vom Leben Buddhas in die Gegenwart zurück.

11. März. Eine Fahrradrikscha soll uns zum Anumakam-See bringen, einmal quer durch Mrauk U. Nach fünf Minuten über Schlaglöcher und verschlammte Wege sehen wir unseren Fehler ein: nur eine Rikscha für uns beide, das ist eine Zumutung für den Fahrer und die Passagiere. Ingrid steigt also zu einem Kollegen um. Am See Frieden und eine Stille, die sich einatmen lässt: Vogelstimmen, Zikaden, die zur Hitze gehören wie das Flirren der Luft. Auch das monotone Werkeln einer Wäscherin, die am anderen Ufer nasse Longyis und Blusen auf Steinen ausklopft, wirkt wie ein Teil dieser Ruhe. Eine andere Frau schöpft Wasser aus einem Brunnen, hebt sich einen Blechkanister auf den Kopf und klemmt den anderen an die Hüfte. Ihre Arbeit, ihr Gang: Es sind Bilder voller Würde und Anmut.

12. März. Pferdewägelchen klingeln sich durch den Ort. Die Fleisch- und Fischauslagen auf dem Markt vertreiben auch die robusten Naturen unter den westlichen Besuchern: viel Blut, noch mehr

Fliegen. Zerlumpte Kinder schwitzen bittere Armut aus. In einer Gasse wohnen vier, fünf alte Frauen, deren Ohren von großen Ringen bis an den Halsansatz herunter gezogen werden. Wir finden nicht heraus, ob sie einem anderen Stamm, einer anderen Volksgruppe angehören. Niemand versteht uns, aber als Ingrid in einem Reiseführer auf Bilder von Tempeln in der Nachbarschaft deutet, haben wir im Handumdrehen fünfzig staunende, lachende Zuschauer um uns herum.

13. März. Abstecher nach Vesali und nach Dhanyawady. Wir haben auf Anraten unseres Lieblingskellners im Hotel Nawarath einen Jeep gemietet. Wieder einmal heißt der Fahrer Tin Win, ein Allerweltsname in Burma, und er ist der Vetter des Kellners. Aber alles hat seine Ordnung, die Straße ist wirklich schlecht, der Geländewagen war ein guter Tipp. Vorbei an Reisfeldern, Wasserbüffeln, kleinen Seen, überwucherten Stupas. In Vesali: ein Sandstein-Buddha, fünf Meter hoch, in der Umgebung Trümmer alter Königspaläste, eindrucksvoll, aber letztlich war doch der Weg das Ziel.

Dhanyawady war schon vor zweitausend Jahren Metropole eines Rakhine-Reiches. In der Nähe stand einst der Mahamuni, jener Buddha, dem der Erleuchtete noch zu seinen Lebzeiten sein Ebenbild verliehen haben soll, im wahrsten Sinne des Wortes. Ende des 18. Jahrhunderts wird die Figur des Großen Weisen nach Mandalay geschafft, wo sie seither mit Gold überhäuft wird. Das war, wie natürlich lange vorher schon prophezeit, das Ende eines blühenden Rakhine-Reichs, das bis dahin als »Land der großen Bildnisse« bis tief nach Indien hinein berühmt war.

Rakhine ist anders, aber es ist auch Burma: Auf dem Gelände dieser Pagode, zu der in alten Zeiten Buddhisten von weither gepilgert sind, steht ein riesiger Luftwurzelbaum. Unter diesem Banyan Tree soll Buddha sich ausgeruht haben, als er noch über die Erde und auch durch Dhanyawady wanderte. Vielleicht stimmt ja, was man sich in Mrauk U und in Dhanyawady erzählt, mehr oder weniger verstohlen: Unter diesem Baum liegt eine Mahamuni-Figur vergraben, womöglich sogar die wahre, die echte. Und was wäre dann mit der in Mandalay …? Wen wir auch fragen: Kopfschütteln, Lachen und die entscheidende Gegenfrage: Warum ist das denn wichtig?

14. März. Am frühen Morgen Rückfahrt nach Sittwe, eine Reise mit dem gemieteten »Privatboot« auf dem Kaladan-Fluss in ein Delta voller Sonnenschein und angenehmer Beschaulichkeit: Entenschwärme fliegen auf, wenn wir uns ihnen nähern, Fischer in Einbäumen winken, ein Langboot ist bis über die Toppen mit Tontöpfen beladen. Gegen Mittag überholen wir das sogenannte »Regierungsboot«, einen doppelstöckigen Postdampfer, der noch aus der britischen Zeit zu stammen scheint und an vielen Stegen festmacht. Vom flachen Westufer schauen Störche und Reiher herüber. Hin und wieder unterbricht eine Pagode das angenehm-monotone Bild, eher ein Pagödchen, den

völlig undramatischen Dimensionen dieser Landschaft angemessen. Fern im Osten, wie ein dicker, blaugrauer Strich, schimmern die Ausläufer der Chin-Berge.

15. März. Sittwe, das alte Akyab, hat heute zweihunderttausend Einwohner, vor fünfundzwanzig Jahren waren es gerade mal halb so viele. Und das Wachstum nähert sich jährlichen Steigerungsraten von drei Prozent. Den größten Anteil an diesem Babyboom haben, wie überall in Asien, die Muslime. Man lebt friedlich zusammen, aber nicht wenige Burmesen schauen mit Sorge auf neue, zum Teil protzige Moscheen, die mit Geldern aus Pakistan oder den Emiraten bevorzugt in arme Viertel gesetzt werden.

Das Buddhistische Museum ist Teil eines Klosters, ein schöner Kolonialbau mit Blick auf einen üppigen Palmengarten, die Ausstellung aber wirkt wie mit einer grauen Folie von Staub und Wehmut überzogen: Buddha-Köpfe, Statuen, historische Münzen, Tonscherben, alles ohne Beschreibung. Unter einem zerkratzten Tisch liegen zwei tote Mäuse. Eine Gruppe junger Mönche spielt Karten. Wir werden zum Mitspielen eingeladen, aber wir verstehen die Regeln nicht. Dafür haben wir verstanden, dass »die Regierung« die schönsten Exponate von hier ins offizielle, frisch renovierte Museum des Staates Rakhine verschleppt hat, ein paar Straßen weiter. Und wieder dieser Satz: »Well Sir, this is Burma …«

Nachmittags Bummel zum Hafen: Ebbe, die

Boote liegen auf dem Schlick, Männer schleppen Säcke voller Trockenfisch an die Pier.

16. März. Freitag, Feiertag der Muslime. Viele leben hier seit Generationen, die schon mit bengalischen Händlern vor Jahrhunderten nach Arakan kamen, andere sind kürzlich aus Bangladesh oder dem Gangesdelta gekommen, in der Hoffnung auf ein besseres Leben, ausgerechnet in Burma.

Auf der Straße spricht uns ein muslimischer Geistlicher an, ein freundlicher, eifriger Mann mit hennarot gefärbtem Bart, der sich als »Zia ul Haq« vorstellt, so wie der frühere Präsident von Pakistan. Unser Zia ist seit vierundvierzig Jahren Imam der Jami-Moschee, der größten in Sittwe. Der Vater von sechs Kindern lädt uns in seine Moschee ein. Heute morgen, so erzählt er, hat er vor tausend Gläubigen gepredigt. Jetzt, in der kühlen Stille des Gotteshauses, erklärt Zia uns die Bedeutung der Gebetsnischen, der Suren im Bilderrahmen, die als einziger Blickfang an den ansonsten kahlen Wänden hängen. Er deutet auf das Schriftzeichen für Ibrahim und beteuert, dass der, den wir und die Juden Abraham nennen würden, doch unser aller Vater sei. Beim Abschied umarmt er uns.

17. März. Der Markt ist geschlossen, auch einige Straßen in Richtung Hafen sind gesperrt. Leichte Aufregung, etwas liegt in der Luft. Aber es ist halb so wild: Polizeiwagen eskortieren zehn, zwölf schwarze Geländewagen mit verspiegelten Scheiben, die mit quietschenden Reifen um die Kurven rasen. Generäle, Obristen, andere Männer in

schwarzen Anzügen steigen an den Kaianlagen aus, etwas später springen dort auch Damen, in buntseidene *Sarongs* und *Longyis* gekleidet und dem Anlass entsprechend aufgestylt, von geschmückten Lastwagen: Ein Pier und ein moderner Kran werden eingeweiht. Das ist alles. Ein paar Passanten, höchstens fünfzig, »säumen« die Straßen, sie schauen nur, aber es liegt keine Freude, nicht einmal Interesse auf ihren Gesichtern.

Die Zeremonie dauert fünfzehn Minuten. Dann heulen die Motoren und die Polizeisirenen wieder auf; von den Bonzen hat sich niemand dem Volk zugewandt. Polizisten salutieren, geklatscht hat nur die Entourage.

Affentheater am Mount Popa

Mit den »Nats« ist nicht zu spaßen

Wir hätten es wissen müssen, wir waren gewarnt worden: Mit burmesischen Geistern und ihren Helfershelfern ist nicht zu spaßen. Schon gar nicht am Popa-Berg, wo sie und ihr König wohnen: Thagyamin, Herr über die siebenunddreißig wichtigsten *Nats*, die von diesem herausragenden Vulkankegel, anderthalb Autostunden von Bagan entfernt, in den Alltag nahezu aller Burmesen eingreifen, hilfreich oder mit böser Absicht, gegen die man sich auf vielfältige Weise schützen kann. *Nats* sind Wesen aus der Anderwelt, Schutzgötter, Kobolde, Dämonen, Untote.

Es hat sie gegeben, bevor der legendäre König Anawrahta aus Bagan vor gut tausend Jahren sich und sein Volk zu Anhängern des Erleuchteten erklärt hat. Und es gibt sie immer noch, und jeder gute Buddhist in Burma wird sie bei Laune halten wollen, mit Blumen, Kokosnüssen, Bananen, mit kleinen Ritualen an vielen Tagen, mit großen Festen in den Vollmondnächten im Mai oder Juni und im November oder Dezember. Man lebt mit ihnen zusammen, vertraut sich ihnen an, fürchtet sie, besänftigt sie, ruft sie vor Reisen oder wichtigen Entscheidungen an, ohne jemals zu vergessen, dass einzig und allein Buddha die Regeln des Lebens, Sterbens und Wiedergeborenwerdens vorgegeben hat.

Das alles hatten wir ja gelesen, und die Freunde, die schon so lange im Lande leben, hatten es uns immer wieder erzählt: Niemand darf ungestraft die *Nats* unterschätzen. Aber mit ihren Hilfstruppen hatten wir halt nicht gerechnet. Am Popa-Berg unterhalten die Geister nämlich ein Heer sehr lebendiger, sehr tückischer Helfer: eine Horde halbwilder Affen, die es auf Taschen und Hüte, auf Kameras und manchmal sogar auf Brillen abgesehen haben, besonders aber auf Bananen und Erdnüsse. Beides wird in den Buden unterhalb der »Geisterburg« verkauft. König Thagya-min und seine ruhelosen Geister schauen aus über siebenhundert Metern Höhe – Popa Taung Kalat heißt ihr Berg – einerseits auf einen flachen braungrünen Landteppich, auf dem Palmyrapalmen das Muster bilden, andererseits auf den eigentlichen Popa-Gipfel, einen erloschenen Vulkan, der mehr als doppelt so hoch wie der Zuckerhut der *Nats* aus dieser Ebene ragt.

Wir hatten den Zauberberg schon bei der Anfahrt aus der Ferne gesehen, er war uns wie ein burmesisches Neuschwanstein vorgekommen. Es mag zunächst an der flirrenden Hitze gelegen haben, im Thron eines Geisterkönigs ein exotisches Märchenschloss zu sehen. Aber ganz so falsch lagen wir mit unseren Fantasien denn doch nicht, wie sich bald zeigen sollte.

Busse, Geländewagen, Pick-ups und Lastwagen, alle mit Pilgern dicht beladen, drängen sich zwischen Menschenmassen in die enge Gasse vor einem großen, grellbunten Gebäude, dem Schauraum der Geister. Immer mehr Pilger werden von Staub- und Dieselwolken am Fuße des heiligen Berges eingehüllt. Die meisten Neuankömmlinge zog es auch deshalb zuerst in den kühlen und ruhigen Schrein, wo alle siebenunddreißig *Nats* in menschlicher Größe, farbenfroh und mit Symbolen überladen im Halbrund aufgereiht sind. Was für ein Kontrast zur andächtigen, nach innen gekehrten Atmosphäre auf den Plattformen von Buddhas goldenen Pagoden.

Wir decken uns mit Lotusblüten, einer kleinen Bananenstaude und ein paar Tütchen Erdnüssen ein. Die gelben Früchte und die Nüsse wollen wir beim Aufstieg zum Gipfel an die Affen verfüttern, in der Hoffnung, sie uns damit möglichst rasch vom Leibe zu halten. Mit den Blumen des Buddhismus hingegen gedenken wir die *Nats*, deren Ruhe wir möglicherweise stören, zu besänftigen. Einige hatten uns im Geisterhaus schwer beeindruckt, andere, von denen wir gehört hatten, dass sie für eine sichere Reise zuständig sind, wollten wir mit der Lotusgeste positiv stimmen.

Es kommt anders, und das ganz schnell. Alles, Nüsse, Früchte und Blüten, sind wir Sekunden nach dem Kauf wieder los, von raffgierigen Affen aus der Hand und der Tüte gerissen. Sie, die ebenso schnellen wie frechen Tiere, sind, so scheint es, die wahren Herrscher am Mount Popa. Aber wer weiß, vielleicht handeln sie ja auch nur im Auftrage der *Nats*, die womöglich mit solchem Schabernack und mit zwei mächtigen Steinelefanten am Treppenaufgang ihr Revier markieren.

Thagya-min, der Geisterkönig, immerhin eine Art Inkarnation des jahrtausendealten, vorhinduistischen Wettergottes Indra, steht am Mount Popa einer merkwürdigen Truppe vor: lieblichen Frauenfiguren wie Shin Nemi, der »Kleinen Dame mit der Flöte«, aber auch historischen Persönlichkeiten, die noch vierhundert Jahre nach ihrem Tod herumspuken, etwa »Prinz Kyawzwa«, der ein Trinker und Tunichtgut gewesen sein muss (sein Körper im Schrein unterhalb des Popa-Berges ist mit Whisky-Flaschen behängt). Oder Yun Bayin, ein Thai-Prinz, der im 16. Jahrhundert nach Burma verschleppt worden und dort an Durchfall gestorben war, weil ihm das ungewohnte Essen fern der Heimat auf den Darm geschlagen war: Er sitzt nun für alle Zeit auf einem Lotusthron und hält sich an seinem Schwert fest; schwer zu sagen, ob er auf Rache sinnt oder sich im Gegenteil längst mit seinen Entführern von damals ausgesöhnt hat.

Andere *Nats* tragen blumige oder abwertende Namen, zum Beispiel Shwebyin Naungdaw, der »ältere Bruder des minderwertigen Goldes«, oder Medaw Shwedaw, die »Dame des goldenen Wortes«. Es gibt im »Bühnenraum« der siebenunddreißig *Nats* auch stolze Geisterreiter, die zu Pferde, auf dem Tiger oder auf Elefanten unterwegs in den Alltag der Menschen sind. Manche sehen furchterregend aus, andere ausgesprochen freundlich. Neben diesen gut drei Dutzend Haupt-*Nat*s vom Popa-Berg bevölkern Hunderte, vielleicht Tausende weiterer unberechenbarer Charaktere die Geisterwelt und den Lebensraum der Menschen in Myanmar.

Was so verwirrend scheint, hat doch »Methode«. Der deutsche Wissenschaftler und Reiseunternehmer Axel Bruns, der seit vielen Jahren in Burma lebt und den Volksglauben intensiv studiert hat, weiß von vielen Ressorts, für die ganz unterschiedliche Geistwesen zuständig sind. So berichtet er von Haus-*Nats*, von Dorf-*Nat*s wie dem Schutz-»Herrn des weißen Pferdes«, der zu den siebenunddreißig Wächtern vom Mount Popa gehört, von Familien-*Nats* und jenen Naturgeistern, die vielfach im knorrigen Geäst alter Luftwurzelbäume mit blumengeschmückten Schreinen verehrt werden.

Auch diese *Nats* mögen, so sagt Axel Bruns, der seine zweite Heimat vor allem wegen ihrer freundlichen und geduldigen Menschen liebt, Kokosnüsse und Bananen so gern wie die Affen auf dem Popa-Berg. Wenn er nach allen Regeln der Tradition behandelt wird, kann so mancher Baumgeist den Wunsch nach einem Kind erfüllen, ein anderer vermag sogar Regen zu zaubern, der nächste wird bei familiären Problemen helfen: »Man kümmert sich erst einmal um sich selbst, wenn das nichts nützt, schaltet man die *Nats* ein. Aber so gut wie nie wird ein Burmese den Nachbarn oder die Verwandten mit seinen Sorgen belästigen …«

Im Herzen und im Glaubensgebäude auch der frömmsten Buddhisten in Myanmar ist viel Platz sowohl für die Religion, die über allem steht, als auch für die *Nats*, die für die irdische Sphäre angerufen werden, für die Niederungen des Alltags, wenn man so will; das buddhistische Ziel hingegen liegt jenseits dieser Welten. Das tolerante Neben- und Miteinander von Weisheitslehre einerseits und archaischer Geisterfurcht andererseits ist so problemlos geordnet, dass *Nats*-Schreine nicht selten auch in Buddhas Tempeln zu sehen sind.

Der Weg auf den Taung Kalat, den Popa-Thron der *Nats*, muss barfuß bewältigt werden. Er ist steil und mühsam, zwar überdacht und somit vor Regen und Sonne geschützt, aber nicht vor Hitze. Die Luft stockt in diesem »Treppenhaus«, und schon nach wenigen Minuten geben wir es auf, die Stufen zu zählen (es sollen siebenhundertsiebenundsiebzig sein). Kleine Schreine, bunte Bilder und magisch-mysteriöse Figuren sorgen für Abwechslung beim Aufstieg ins Schattenreich des Geisterkönigs und seiner sechsunddreißig Gefolgsleute.

Junge Burschen und Mädchen leisten uns unaufgefordert Gesellschaft, als Taschen- und Kameraträger, als Wasserlieferanten und Erzähler immer neuer Anekdoten aus der Welt der *Nats*. Einige Plastikstühle vor einem guten Dutzend Imbiss- und Devotionalien-Buden verführen zu Pausen, die nur scheinbar erfrischen, in Wahrheit aber träge machen.

Schließlich, nach gut vierzig Minuten Kletterei – auf den letzten Metern sogar über eine eiserne

Treppe – schauen wir atemlos über dunkelgrünes Dschungel- und gelbbraunes Savannenland.

Es ist dieser Ausblick, der den Weg nach oben lohnt, auch wenn weder spirituelle Faszination noch bedeutende Kunstwerke am Ziel der Wanderung stehen. Auf dem Gipfelplateau »kleben« einige Klostergebäude, zierliche Geisterschreine und spitztürmige Pagoden eng beieinander, alle aus jüngerer Zeit. Auch hier oben streunen Affen herum, aber geruhsamer und nicht annähernd so aggressiv wie ihre Freunde am Fuß des geheimnisvollen Berges. Womöglich führt die Nähe des Königs der *Nats* selbst bei dieser Spezies von Taschendieben und Bananenjägern zu Distanz und Respekt.

Khun Mar liebt Hip-Hop

In den Dörfern der kleinen Volksstämme

Wovon träumt ein hübsches junges Mädchen, das acht bis neun Stunden am Webrahmen sitzt? Htet Htet Hlaing ist neunzehn Jahre alt. Sie sitzt auf ihrem Holzstuhl wie auf einem Pferd, das sie bis in die Haarspitzen beherrscht, graziös und elegant. Ihr Oberkörper tänzelt mit den Bewegungen ihrer schlanken Hände. Sie zieht Rahmen und Schiffchen in schwingenden Bewegungen hin und her, von morgens um acht bis nachmittags um fünf, auch an Sonntagen. Zwischendurch macht sie Pausen, isst eine Schale Reis oder albert mit ihrer um zwei Jahre älteren Schwester herum. Auf dem Bord hinter ihr steht ein altes Kofferradio. Manchmal versucht sie einen Sender zu finden, der Musik spielt, die sie liebt, zum Beispiel burmesischen Pop-Rock, wie ihn Zaw Win Htut singt, der Star der jungen Leute.

Htet lebt mit ihren Eltern und drei Geschwistern in einem Dorf am Rande der großen und ehrwürdigen Stadt Bago, die unter ihrem alten Namen Pegu breiten Raum in der Geschichte des alten Burma einnimmt. Vor fünfhundert Jahren war sie die Metropole des Mon-Reiches. An die goldenen Zeiten dieser Epoche erinnern vier Statuen des Erleuchteten, die vor der Stadt in alle Himmelsrichtungen schauen. Und in der Shwethalyaung-Pagode, einem von mindestens zwölf großen Tempeln, knien einheimische Gläubige und Pilger von weit her vor der schönsten liegenden Buddhafigur des Landes; auf fünfundfünfzig Metern Länge zeigt sie den sterbenden Religionsstifter in jenem Moment, da er ins Nirwana eintritt.

Durch einen »Taxifahrer« aus Bago, der etwas Englisch spricht, Besitzer einer Fahrradrikscha, sind wir zur Familie Hlaing gekommen. Schüchtern und gastfreundlich werden wir in ihren Hof gebeten, werden uns Stühle, Tee und Früchte angeboten. Die Hlaings, wie die anderen hundert Familien in ihrem Dorfe Kyee Ni, gehören dem Mon-Volk an, einer von vielen Minderheitsgruppen in Myanmar. Die Mon sprechen eine ähnliche Sprache wie die Khmer in Kambodscha, und wie diese haben auch Mon-Könige einst über Jahrhunderte große Teile Südostasiens beherrscht. Man weiß heute, dass sogar das Wunder von Bagan, ein magischer Ort wie Angkor Wat im Khmer-Reich, ohne die kulturellen Einflüsse der Mon nicht möglich gewesen wäre. Knapp eine Million Nachfahren dieses einst so mächtigen Volkes leben im heutigen Myanmar, vielfach vermischt mit den Volksgruppen der Nachbarschaft.

Nach offizieller Zählung der Regierung sollen hundertfünfunddreißig verschiedene Ethnien in Burma beheimatet sein, von Anu bis Zotung, von der großen Gruppe der Shan-Stämme, über die etwa drei Millionen Karen und deren »Verwandte« – Pwo, Pao, Padaung und ein Dutzend andere – bis hin zu den Kachin-Völkern, den Lashi, Lisu, Jingpaw, Maru und, weitab im Nordosten, den kleinen Bergvölkchen im Goldenen Dreieck, zum Beispiel den Akha oder Lahu. Völkerkundler und Sprachforscher außerhalb Burmas halten allerdings die Zahl von hundertfünfunddreißig Volksgruppen für zu hoch gegriffen. Sie gehen von etwa zwei Dutzend eigenständigen Nationalitäten aus. Die Zählweise bleibt umstritten, denn auch sogenannte »Untergruppen« oder »Stämme« pflegen ihre eigenen Sprachen oder Dialekte, ihre seit alters her gewohnte Küche, ihre Riten und Traditionen; oft unterscheiden sich sogar Kleidung und Haartracht von einem Dorf zum anderen.

Mehr als zwei Drittel der vierundfünfzig Millionen Einwohner Myanmars gehören zum »Staatsvolk« der Bamar, die außerhalb des Landes als Burmesen oder Birmanen bekannt sind. Diese Mitglieder der großen tibeto-burmesischen Sprachfamilie sind vor gut tausend Jahren aus China eingewandert. Aus ihrem Namen – auch Bama geschrieben – soll sich der Begriff Burma entwickelt haben.

Die Machtverhältnisse im Lande spiegeln diesen Vielvölkerstaat nicht einmal annähernd; alle wesentlichen Posten sind von Bamar besetzt, auch dort (in Teilen der Provinz), wo sie in der Minderheit sind. Immer wieder haben sich die kleineren Völker, von denen einige immerhin mehrere Millionen Köpfe zählen, gegen die alten Strukturen – und in den letzten Jahrzehnten vor allem gegen den Terror und einige brutale Umsiedlungsaktionen der Militärs – aufgelehnt. So kämpfte, ein Beispiel nur, bis Mitte der neunziger Jahre eine Mon-Befreiungsarmee für einen eigenen Staat.

In Kyee Ni, dem Dorf der jungen Weberin, herrscht schon lange Frieden. Man hat sich mit den Bamar-Nachbarn in Bago arrangiert; auch Hochzeiten untereinander kommen häufig vor. Der Buddhismus, die identitätsstiftende Kultur in fast allen Landesteilen, bildet auch hier im Südosten, dem Hauptsiedlungsgebiet der Mon, die wesentliche Klammer zwischen den meisten Volksgruppen. Man hat zudem oft die gleichen Alltagssorgen. In guten Monaten nehmen die Hlaings – sie alle weben kunstvolle und farbenfrohe Tücher und Decken, die sie auf dem Markt in Bago verkaufen – zusammen etwa hundertfünfzig Euro im Monat ein. Das reicht immerhin zu einem Leben, das Htet Htet, die Neunzehnjährige, als glücklich empfindet. Sie hat sich, mit Hilfe ihrer Brüder, sogar ein gebrauchtes Moped aus China zusammengespart.

Es ist später Nachmittag. Htet Htet hat noch einmal eine frische Lage *Thanaka* aufgelegt, die landesübliche Schönheitspaste aus der Rinde des indischen Holzapfelbaumes, weiße Kreise und Kringel auf Wangen und Stirn. Sie mahlt sich das Pulver selbst, mit einem Schleifstein, den schon ihre Großmutter benutzt hat. Ein bisschen Wasser dazu, und die Creme kann aufgetragen werden. Nie würde Htet Htet auf die Idee kommen, sich in Bago eine fertige Packung aus dem Krämerladen zu holen.

Ihre rote Bluse leuchtet, und ihre langen schwarzen Haare, die sie vorher gebunden hatte, flattern jetzt im Fahrtwind. Htet überholt uns mit ihrem knatternden Fahrzeug auf dem Weg nach Bago. Dort wird sie sich mit Freundinnen treffen, Eis essen, Musik hören.

Längst ist auch das Fernsehen in entlegene Landstriche vorgedrungen, nach Aung Ban zum Beispiel, einem Marktflecken bei Kalaw am Westrand des Shan-Plateaus. Einmal in der Woche ziehen Angehörige vieler kleiner Völker durch die Reisfelder und Orangenhaine, um ihre Waren in Aung Ban anzubieten und sich mit Produkten einzudecken, die es bei ihnen nicht gibt. Eine ausgezehrt wirkende Frau hockt in einer Ecke und versucht einen Blick auf den Fernseher zu werfen, der Bilder von einer Brückeneinweihung zeigt.

Das Gesicht der Alten erinnert an eine Reliefkarte, es ist voller Falten und Gräben. Wenn sie lacht, legt sie Reste eines Tattoos auf der Wange frei. Zwei Zahnstümpfe sind ihr geblieben, und sie pafft dicke *Cheroots*, Zigarren, wie sie in fast jedem Dorf hergestellt und vor allem von Frauen geraucht werden. Ko Ko, unser Trekkingführer, der uns in Kalaw angesprochen hat und den wir nach kurzer Verhandlung für eine Tour durch die Berge gemietet haben, weist uns auf ein paar Besonderheiten hin: »Sehen Sie, ihr Kopftuch, es ist anders gebunden als die Tücher der Nachbarinnen. Und schauen Sie auf das Muster des langen Wickelrocks, die Frau gehört zum Volk der Danu.«

Sie zählen nur ein paar Tausend Köpfe, diese Danu, die in der Nachbarschaft und auch bei Pin U Lwin leben. Es sind friedliche Bauern, aber in alten Zeiten müssen sie stolze Krieger gewesen sein, denn ihr Name, so sagt man, leite sich vom altburmesischen Begriff *donke* ab, und der bedeutet »tapfere (Bogen-) Schützen«. Noch mehr Marktbesucher und Verkäufer, noch mehr buntgekleidete Menschen aus allen Nationalitäten der Region, Shan, Pao und Wa, Mon und Bamar. Viele von ihnen waren zwei Tage unterwegs, ihr Hab und Gut in Säcken auf dem Kopf balancierend. Auch ein paar junge Leute stromern an den Auslagen vor. Immer wieder zieht es die Menschen jeglichen Alters zum Fernsehgerät, aber als sich herumgesprochen hat, dass MTV wieder einmal amtlich vom Bildschirm verbannt wurde, verliert zumindest die Jugend ihr Interesse an dem Programm. Es dauert nicht lange, bis wir auch die Begründung für den Bann hören: Der Sender, der aus Bangkok oder Hongkong Musikprogramme auch in die Nachbarstaaten ausstrahlt, hat vor kurzem ein Lied der Gruppe U2 gebracht, in dem die Band den Freiheitswillen der Friedensnobelpreisträgerin Aung San Suu Kyi besungen und geehrt hat.

Ko Ko führt uns durch staubtrockene Chili-, Zwiebel- und Knoblauchfelder, den Bergen entgegen. Wir balancieren über schmale Dämme zwischen Reisschlamm und Orangenplantagen, überqueren wacklige Bambusbrücken und wandern stundenlang über eine grüne, angenehm frische Ebene. Ko Ko trägt keinen *Longyi*. Jeans, so meint er, seien praktischer: »Haben Sie mal gesehen, wie oft die Männer ihren Rock wieder neu legen müssen, zehnmal in fünf Minuten …« Er ist gerade zwanzig geworden, spricht gutes Englisch und würde gern regelmäßig und mit offizieller Lizenz Ausländer durch das Bergland um Kalaw leiten. Wir ahnen, dass er die »Gebühren« für eine solche Lizenz, die er irgendjemandem zahlen müsste, noch nicht beisammen hat.

Der Reis dieser Gegend, *taung yar* san heißt er, »guter Bergreis«, gilt als der beste in Burma. Die Bauern des Pao-Volkes würden ihn am liebsten für sich behalten, aber manchmal kommen Burmesen aus Yangon oder Mandalay in schwarzen Geländewagen in ihr Dorf. Sie wirbeln viel Staub auf beim Bremsen und noch mehr beim Anfahren. Sie tragen weiße Hemden, dunkle Hosen und verspiegelte Sonnenbrillen und fordern barsch ein paar Säcke Reis zu einem Preis, den sie bestimmen. Es sind Angehörige der neuen »Elite«, so werden sie von allen genannt, und noch, in dieser ungewissen Zeit des Übergangs, wäre es unklug, sich ihnen zu widersetzen.

Seit zehn Jahren hat Hin Khar Pyin, ein Dorf der Pao-Minderheit, Stromanschluss. Eine Hilfsorganisation der UNO kommt für diese Energiequelle auf. Sie war vor allem für die Schule gedacht, aber der einzige Lehrer, der bis vor Kurzem die sechzig oder siebzig Kinder des Ortes unterrichtet hat, ist nach Yangon gegangen. Er hatte, wie so viele seiner Berufskollegen auf dem Lande, in seinem

Haus Privatunterricht gegeben, um sein Monatsgehalt von umgerechnet zehn Euro aufzubessern. Die Regierung hat solche Nebentätigkeiten neuerdings verboten. Gut möglich, sagen die Dorfbewohner, die ihre Kinder jetzt ins fünf Kilometer entfernte Aung Ban schicken, dass aus dem Lehrer jetzt ein Soldat geworden ist. Soldaten verdienen das Fünffache, Offiziere bis zu hundert Euro im Monat.

Familie Ma Hwe lebt seit hundert Jahren im Dorf Hin Khar Pyin. Ein paar Reisfelder, große Beete, auf denen Ingwer, Erdnüsse und Knoblauch gedeihen, sichern dem Clan, zu dem neben vier Kindern auch noch ältere Verwandte gehören, ein gutes Auskommen. Drei Zebu-Rinder, die im Hof stehen, dienen als Zugtiere und, höchstens einmal im Jahr, auch als Fleischlieferanten. Seit einiger Zeit wird jeder Kyat-Schein auf die Seite gelegt, damit Ba Tar, der mittlere Sohn, eine gute Spende machen kann, wenn er demnächst für ein paar Monate ins Kloster geht. Auch für die Aussteuer von Khun Mar, der jüngsten Tochter, muss fleißig gespart werden.

Khun Mar ist vierzehn, ein fröhlicher Teenager, der manchmal zwei Stunden aufwendet, um sich ein *Thanaka* in Form zweier Bodhi-Blätter auf die Wangen zu malen. Unter einem Baum, der diese Blätter trägt, die in der buddhistischen Welt jedes Kind kennt, hat Siddharta Gautama, der historische Buddha, einst seine Erleuchtung gefunden. An anderen Tagen wiederum mag Khun Mar ihr Gesicht nur dezent einreiben, mit einer mildgelben

Sorte der *Thanaka*-Paste, dafür aber die Lippen rot anmalen. Ihr Vater, der unablässig Betel kaut und den roten Saft in unserer Anwesenheit dezent hinter seinen Rücken spuckt, lächelt zu dieser »neuen Mode«. Er ist Mitte vierzig, sieht aber abgearbeitet aus, wie Ende fünfzig. Alle fünf Tage geht er mit Frau und Kindern nach Aung Ban auf den Markt. Es ist der Tag, den Khun Mar wie keinen anderen herbeisehnt.

Khun Mar, das junge Pao-Mädchen am Rande der Shan-Hochebene, liebt vor allem Hip-Hop-Musik. Aber es darf auch gern Rock oder Rap sein. Deshalb freut sich Khun Mar jedes Mal auf den Familienausflug. In Aung Ban kennt sie ein paar Jugendliche, die einen CD-Player an eine Stromleitung anschließen können. Letzte Woche, so erzählt sie ein wenig verschämt unserem Guide, und der übersetzt es uns lachend, letzte Woche hatte jemand ein paar Scheiben aus Yangon mitgebracht. Es waren die neuesten Hits von Zaw Win Htut, der ja auch das Idol von Htet Htet Hlaing ist, der jungen Weberin aus dem Mon-Dorf bei Bago Mmit ihrem Moped ist sie schon ein bisschen weiter in die Zukunft vorgestoßen. Hoffnung heißt hier, wie überall auf dem Lande, pragmatisches Abwarten, sanfte Anpassung an neue Zeiten, die ganz gewiss kommen werden, bald schon.

Große Pläne, kleine Fische

Der Strand und die vielen Möglichkeiten

Eben haben wir mit acht Mönchen im Kloster von Nandaw gefrühstückt, interessiert haben wir uns gegenseitig gemustert, ohne Worte, wir an der Innenwand, die Mönche gegenüber. Sie saßen mit angezogenen Knien unter den Bildern aus Buddhas Leben: Mit den Händen haben wir den duftenden Reis und das gekochte Gemüse in Klumpen gepresst und dazu bittersüßen Tee getrunken. Jetzt krähen die Hähne, bellen die Hunde, lachen von weit her Kinder, und aus den Dörfern, die sich noch im Blau der ausgehenden Nacht verstecken, ziehen Rauchsträhnen in den Himmel. Morgenröte über Arakan.

Ein Knochen, *Nandaw* auf Burmesisch, vielleicht von Buddha, vielleicht von einem verstorbenen Würdenträger dieses Klosters oder von einem König, der Rakhine vor tausendfünfhundert Jahren erfolgreich regiert hat, wird hier als Reliquie verehrt. Genaueres finden wir nicht heraus, es ist uns auch egal. Auf dem Hügel gegenüber, im Kloster Sandaw, ist es ein heiliges Haar, und weiter im Osten, wo in diesem Moment die Sonne aufgeht, heißt das Kloster Andaw, und es hütet, wie der Name sagt, einen hochverehrten Zahn. Alle drei Tempel sind heilige Orte, zu denen die braven Dorfbewohner der Umgebung jeden Morgen das Essen für die frommen Männer tragen.

Abstecher vom Strand, einmal zum Sonnenaufgang in die Berge, ein andermal nach Thandwe, ins alte Sandoway der Briten: Märkte unter mächtigen, alten Regenbäumen, Moscheen, Tempel, Kolonialfassaden, ein Städtchen wie eine Kulisse zu einem anglo-indischen Film. Rudyard Kipling hat hier gewohnt und geschrieben; niemand weiß, in welchem Haus, in welcher Straße. Wir laufen an einer Polizeikaserne vorbei, über deren Eingang die Jahreszahl »1892« geschrieben steht. Ich traue mich aufs Gelände, werde von einem Offizier zunächst eher überrascht als barsch angehalten, dann freundlich begrüßt, herumgeführt und zum Tee eingeladen. Er hat noch nie etwas von Kipling gehört, interessiert sich aber für Deutschland. In den Büros und Unterkünften verwehen altersschwache Ventilatoren die schwüle Luft.

Ko Naing ist Maler, ein bescheidener, buddhistischer Künstler, der im Zentrum von Thandwe ein Studio betreibt, »Fine Arts«, eine Mischung aus Schnellimbiss und Galerie, direkt gegenüber der Großen Moschee. Seine Bilder zeigen Marktszenen, ländliches Leben, Menschen aus dem Alltag. Er verkauft, das gibt er lächelnd zu, mehr Cola als Bilder. Nur das Geschäft mit den schnellen Porträts läuft gut: Mit Lippen- und Augenbrauenstiften zeichnet er innerhalb weniger Minuten Touristen und Nachbarn, die Fremden für einen Dollar das Stück, die Freunde für ein Tässchen Tee.

Morgenstimmung auf dem Klosterberg, Spurensuche in Thandwe, Porträtstudien in der Galerie von Meister Ko Naing: Solche Ausflüge bringen angemessene Spannung in die trägen Tage am Golf von Bengalen. Nirgendwo am Ngapali Beach hat sich bislang Hektik breit gemacht. Immerhin haben die Generäle und ihre Strohmänner Geld in noble Boutique-Hotels gesteckt. Sie, aber auch die privaten Investoren, wollen, dass Ngapali weitgehend eine Oase des hochpreisigen Tourismus bleibt. Rucksackreisende finden hier so gut wie keine preiswerten Unterkünfte.

An der Straße hinter dem Strand, im Rücken der teuren Hotels, wetteifern mehrere Fischlokale um Kunden, sie liegen unmittelbar nebeneinander, es sind alles Familienbetriebe, gelächelt wird hier wie dort, und die Garnelen sind bei Zaw so frisch wie im Blue Seafood oder im Smile. Wohin also heute? Diese Frage gehört zu den schwereren Entscheidungen vor Ort.

Und doch hat in Ngapali, das vor zehn Jahren noch ausschließlich ein weltverlorenes Fischerdorf war, längst Rakhines Zukunft begonnen. Aufbruchstimmung: Die Claims sind weitgehend abgesteckt, knapp dreißig Hotels reihen sich schon jetzt im Halbrund wie die Perlen an der Kette um die Sichelbucht, aber keines höher als die Palmen. Fast jeden Monat kommen neue hinzu, auch Villen für die Neureichen aus Yangon. In allen Lücken und Nischen drehen sich Baukräne, es wird gehämmert und gezimmert.

Die alte Schule aus der Kolonialzeit, die einzige in Arakan, die direkt am Strand lag, hundert Jahre lang, sie war heruntergekommen und dennoch ein Schmuckstück: abgerissen für eine feine Herberge. Die Strände in Richtung Thandwe, wo noch im letzten Jahr nur Muschelsammler und Strandläufer unterwegs waren: vermessen, verteilt, erschlossen. Der Flughafen ist sicherer geworden, die Piste verlängert.

Aber noch gehören auch die vertrauten Bilder zu Ngapali. Am frühen Morgen ziehen Ochsenkarren ihre tiefen Spuren durch den Sand, sie holen die größeren Boote an den Strand. Noch also teilen sich die Urlauber den Strand mit jenen, denen er immer gehört hat, den Männern, die jede Nacht auf See ihre Netze legen, den Frauen, die eine Million kleiner Fische auf riesigen blauen Planen sortieren, den Kindern aus der Umgebung, die hier *Chinlon* spielen.

Auch Deutsche haben in Ngapali Fuß gefasst. Zum Beispiel Gerald Schreiber, der Besitzer der »Amara« (und neuerdings eines zweiten Flussschiffes), über die bereits berichtet wurde. Hier, an der Küste, hat er nicht nur ein großzügig bemessenes Bungalowdorf etabliert, sondern ein kleines Krankenhaus gebaut, weil die Region medizinisch noch immer unterversorgt ist. Er hat nicht weit von seinem Hotel – zusammen mit seiner burmesischen Frau und einer weiteren einheimischen Mitbesitzerin – eine Schule gestiftet. Auch der Naturschutz ist ihm eine Herzensangelegenheit, Wiederauffors-